法国大革命

信息图

INFO-GRAPHIE DE LA RÉ-VOLU-TION FRAN-ÇAISE

[法]让·克莱芒·马丁 著
[法] 朱利安·佩尔蒂埃 绘
黄广凌 译

JEAN-CLÉMENT MARTIN
JULIEN PELTIER

河北科学技术出版社
·石家庄·

INFOGRAPHIE DE LA RÉVOLUTION FRANÇAISE
by Jean-Clément Martin, the Author& Julien Peltier, Data Design

Originally published in France as:
Infographie de la Révolution française by Jean-Clément Martin & Julien Peltier
© Passés Composés / Humensis, 2021
Current Chinese translation rights arranged through Divas International, Paris
巴黎迪法国际版权代理 (www.divas-books.com)
Simplified Chinese translation copyright © 2023
by United Sky (Beijing) New Media Co., Ltd.
All rights reserved.

著作权合同登记号 图字：03-2023-149 号
审图号：GS 京（2023）0843 号
本书简体中文版由联合天际（北京）文化传媒有限公司取得，河北科学技术出版社出版。

图书在版编目（CIP）数据

法国大革命信息图 /（法）让·克莱芒·马丁著；
（法）朱利安·佩尔蒂埃绘；黄广凌译 . -- 石家庄：河
北科学技术出版社，2023.10
　　ISBN 978-7-5717-1665-3

Ⅰ . ①法… Ⅱ . ①让… ②朱… ③黄… Ⅲ . ①法国大
革命 Ⅳ . ① K565.41

中国国家版本馆 CIP 数据核字 (2023) 第 130936 号

法国大革命信息图
FAGUO DAGEMING XINXI TU

[法]让·克莱芒·马丁 著　　[法]朱利安·佩尔蒂埃 绘　　黄广凌 译

选题策划	联合天际·社科人文工作室
责任编辑	李 虎
责任校对	徐艳硕
美术编辑	张 帆
装帧设计	康玉琴
封面设计	typo_d

出　　版	河北科学技术出版社
地　　址	石家庄市友谊北大街 330 号（邮政编码：050061）
发　　行	未读（天津）文化传媒有限公司
印　　刷	北京雅图新世纪印刷科技有限公司
经　　销	新华书店
开　　本	787 毫米 × 1092 毫米　1/12
印　　张	10.5
字　　数	130 千字
版　　次	2023 年 10 月第 1 版　2023 年 10 月第 1 次印刷
I S B N	978-7-5717-1665-3
定　　价	168.00 元

未 讀
DR

关注未读好书

客服咨询

光芒万丈的大革命

1789

年至1799年，法国处在大革命时代。这十年奠定了未来诸多领域的发展趋势，至今仍令人惊讶。当时，政治改革和武装抗争的浪潮席卷大西洋两岸各国，而法国，俨然是其中最为活跃的中心。因此，从1789年到我们所处的21世纪，人们始终用"法国大革命"来称呼这一时期。"剧变"是这一时期的关键词。鉴于相关历史事件及重大变化复杂而多元，本书采用叙述与建模相结合的形式——不是传统意义上的文字配图片，而是对历史的另一种解读，就像一个万花筒。信息图的优势在于将概念与感性、普遍性与特殊性融合起来。众所周知，任何重大事件和重要变化均需从不同维度和层次上理解。以攻占巴士底狱为例，类似事件不仅发生在巴黎，也在法国全国范围内上演。成千上万人被卷入其中，甚至有人付出了生命。虽然这个事件只持续了不过数日，但余波震荡数十年，直至建设了法国的国民身份认同。在寥寥数页中，读者可以获取大量史实，并通过信息图脑补出额外的意义。让我们以断头台来打个比方。只要提到革命，人们就会借助这个令人眩晕又恐惧的物体，来构建史实与历史表征之间的联系。而信息图的灵活性同样可以二者兼顾。在不同章节出现的历史事件或主题，通过图文目录一目了然。在这里，千头万绪的历史线索不再令人一筹莫展。

全书分为三大部分。整体篇目并非依据单一的时间顺序。要知道，每一重大的历史革命事件都留下了不可胜数的回忆，创建了新的生活方式，为世人所纪念。怎能只沿着一个方向去了解它呢？革命史上的每一篇章均产生了巨大的反响，每一领域均被反复研究与探索，瞬间发生的历史事件，往往成为永恒的历史记忆。毫无疑问，法国大革命十年的历史永远是一部当代史，直至今天仍然鲜活。有关大革命的记忆——更确切地说，一系列的革命记忆——将以"润物细无声"的方式，影响着我们对本书的阅读。

让我们从头开始。首先，我们必须理解"革命"（révolution）一词，最初意指"天体公转"。随后，该词被用来描述王朝或民众暴动之类的社会动荡。之后，各国君主基本达成共识：这一动荡已降临大西洋两岸和整个欧洲。很快，他们将旗帜鲜明地插到革命的对立面。法国在召集三级会议时，贵族与教士两大特权阶层正公然对抗国王的改革方案。革命大势已成。潘多拉的盒子打开，各种不满的情绪倾泻而出。国王和宫廷对政治改革准备不足，导致民众攻占巴士底狱，法国革命正式爆发。君主制的一系列挫折与灾难接踵而至：逃亡的国王在瓦雷讷被阻截、马尔斯校场流血事件、1792年8月政府对舆论失控、波旁王朝垮台、九月惨案……有组织的活跃党派，互相对抗。在他们的引导下，真正意义上的革命彻底撼动了法国。随着国王和王后相继被处死，革命的洪流已经无法阻拦。

这些活跃的党派，包括爱国派、雅各宾派、吉伦特派、无套裤汉等等。各党派之间的内斗使革命滑入了预想之外的轨道，这也是本书第二部分探讨的内容，主要介绍了一系列重塑法国社会且影响深远的剧变。1789年10月发生的系列事件迫使国王逃至巴黎。在这段历史中，妇女扮演了重要的角色，但也改写了自己的命运。自此，在各种情势的驱动下，男性始终将妇女视作威胁。随后的两个世纪里，男性坚持保守立场，致力于降低妇女在公共生活中的地位。教士阶层面临政治权力的重新分配，所受的冲击同样巨大。部分教士拒绝接受《教士公民组织法》，从而拉开了持续两百年的教俗冲突之序幕。在颠覆传统社会秩序的同时，国家没收并拍卖教会资产。无论是否成为这些资产的持有者，每个法国人的日常生活都发生了翻天覆地的变化。殖民者与奴隶的矛盾尖锐，黑人、白人与混血之间的关系日趋紧张，本就摇摇欲坠的法国海外殖民地，受母国政局动荡的影响尤为深远。冲突升级，海地独立，新的时代开启了。一切都在意料之中，法国公民被武装起来，军队从共和二年开始进军欧洲，改变了法国的版图。现代法国的轮廓，从大革命时代开始呼之欲出。

　　社会剧变伴随着境内与境外的各种斗争和战争，这正是本书第三部分的主题。1792年至1794年的国家紧急状态清晰地体现了这一斗争态势。一般来说，人们会给这段时间贴上"恐怖"的标签，指责罗伯斯庇尔及其同党为一己之私，将革命引入歧途。我们可以通过对暴力行为的研究来理解这段时期的复杂性：1793年之后，对法国西部的武装镇压引发了悲剧性的后果，造就了旺代地区的特殊性。采取紧急状态措施，同样也是执政者对武装反抗者带来的威胁的回应。后者被含混地统称为"盗匪"。这些所谓的"盗匪"包括挑战新政权权威的无套裤汉、忿激派和巴贝夫主义者，也包括所有不满现状者、饥民和反对革命的人。政权对反革命势力的追剿一直持续到1799年。反革命的失败有两个原因：一方面，其内部分化严重；另一方面，他们缺乏有效的动员能力，无法集聚足够的力量来挑战革命。1799年，反革命发动过一场几乎无人知晓的大反攻。此役的失败就是最好的例证。诞生于1795年的新体制——督政府，在1799年被拿破仑的政变终结。那段塑造国民认同与记忆的坎坷历史进程终于走到了尽头。在本书最后数页的结论部分，将从不同角度总结这惊心动魄的十年。

　　读者阅读本书，可以从头至尾通读，也可挑选感兴趣的内容概览。本书有宏观的视域，但也不乏具体个案的研究，甚至是代表性人物的小传，历史情势得以跃然纸上。在此，我们结合叙事手法与建模方式，力图使读者了解到法国大革命的各个层面：破碎与断裂，启迪与革新，令人难忘的记忆烙印……

目　录

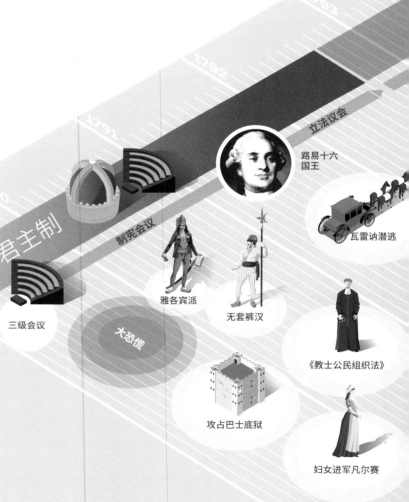

路易十六
国王

瓦雷讷潜逃

立法议会

雅各宾派

无套裤汉

《教士公民组织法》

制宪会议

君主制

三级会议

大恐慌

攻占巴士底狱

妇女进军凡尔赛

执政府

1799

1798

1797

1796

1795

1794

共和国

督政府

国民公会

埃及

拿破仑

大反攻

杜桑·卢维杜尔

盗匪

意大利

罗伯斯庇尔之死

丹东之死

荷兰

指券暴跌

尤物

"恐怖统治"

处决国王

旺代叛乱

战争

断头台

瓦尔密

朱安党人

安的列斯奴隶起义

国有资产

第一章
大革命的进程

全面的
革命

一个世界的**坍塌**

2

随着哥白尼提出天体运行的学说，"révolution"的词义也发生了根本性的改变。它不再仅仅指代"循回往复的旋转"。自此，人们开始关注地球的运动、探索宇宙的奥秘。

1543 年
哥白尼
出版《天体运行论》。

1616 年
教会禁止哥白尼的学说。

1633 年
伽利略说：
"但它仍然在动啊！"
教会阻止伽利略的研究工作。

1687 年
艾萨克·牛顿
出版《自然哲学的数学原理》。

1649 年
查理一世
被送上断头台。
然而，克伦威尔建立英格兰
共和国之后，内战烽烟四起。

1660 年
查理二世
复辟君主政体，
却被时人称为"革命"。

1688 年
奥兰治的威廉和玛丽
发动"光荣革命"。

1690 年
约翰·洛克
出版《政府论》。

1780 年
民众骚乱。
伦敦爆发"戈登骚动"，
持续数日。

| 1680 | 1690 | 1700 | 1710 | 1720 | 1730 | 1740 | 1750 |

勒布朗神父
1689 年
《暹罗革命史》。

奥尔良神父
1695 年
《英格兰革命史》。

韦尔托院长
1701 年
《瑞典革命史》。

1711 年
《葡萄牙革命史》。

1719 年
《罗马共和国革命史》。
韦尔托逝世时，
正撰写《波兰革命史》。

拉·瓦里埃尔主教
1742 年
《法国语言革命史
（自查理曼至路易
九世代）》。

哥白尼
1757 年
教会承认并正式
教授哥白尼的天
体运行理论。

新视角
革命史著作表

孟德斯鸠
1748 年
《论法的精神》。

注：本书插图系原文插图

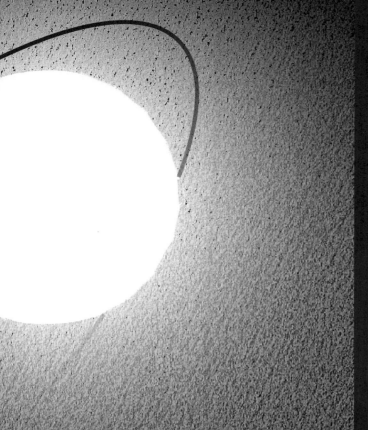

两个世界之间的法国

程度强弱

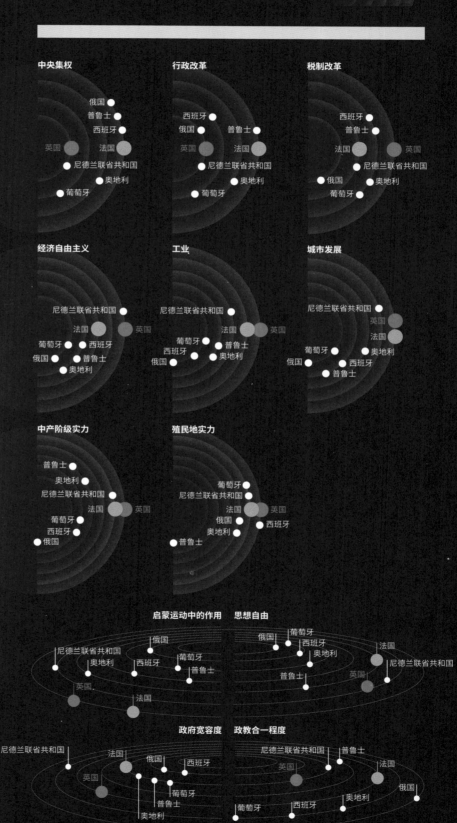

"革命"的
全新词义及传播

法国大革命不是孤立的，甚至不算是第一起革命。然而，它为何会被视作典型？另一个问题：革命与现代之间究竟有什么关联？

法国大革命的典型来自其特殊的时局。"革命"的全新词义，可以追溯至哥白尼和伽利略革命性的天体运行理论：地球不再是宇宙的中心，而是围绕太阳公转的行星；所有天体的运行均遵从牛顿揭示的物理法则。

随后，孟德斯鸠在《论法的精神》一书中写道："任何事物都有自己的法。"随后，"革命"一词进入政治领域，指代政治冲突，也就是马基雅维利所谓的"tumulti"。17世纪起，各类革命史著作陆续面世。1660年，英国王室复辟，结束了克伦威尔创建的英格兰共和国，时称"革命"。自此，"革命"一词广为人知。不过，令人惊讶的是，对于此前英国王室的颠覆，同时代的人并不认为是一场"革命"。1688年，这个词再次被用来指代光荣革命。

60 1770 1780

热罗姆·德·拉朗德
1761年
该学者使用"天文学革命"一词。

梅西尔·布塔弗里
1782年
《海地革命史》。

伊曼努尔·康德
1787年
该思想家在提及哥白尼和伽利略时，使用"知识革命"一词。

3

中央集权

俄国
普鲁士
西班牙
英国   法国
尼德兰联省共和国
奥地利
葡萄牙

行政改革

西班牙
俄国   普鲁士
英国   法国
尼德兰联省共和国
奥地利
葡萄牙

税制改革

西班牙
普鲁士
法国   英国
尼德兰联省共和国
俄国   奥地利
葡萄牙

经济自由主义

尼德兰联省共和国
法国   英国
葡萄牙   西班牙
俄国   普鲁士
奥地利

工业

尼德兰联省共和国
法国   英国
葡萄牙   普鲁士
西班牙   奥地利
俄国

城市发展

尼德兰联省共和国
英国
法国
葡萄牙   奥地利
俄国   西班牙
普鲁士

中产阶级实力

普鲁士
奥地利
尼德兰联省共和国
法国   英国
葡萄牙
西班牙
俄国

殖民地实力

葡萄牙
尼德兰联省共和国
法国   英国
俄国   西班牙
奥地利
普鲁士

启蒙运动中的作用

尼德兰联省共和国   俄国
奥地利   葡萄牙
西班牙   普鲁士
英国
法国

思想自由

俄国   葡萄牙
西班牙
奥地利
法国
普鲁士   尼德兰联省共和国
英国

政府宽容度

尼德兰联省共和国   法国
俄国   西班牙
英国
葡萄牙
普鲁士
奥地利

政教合一程度

尼德兰联省共和国   普鲁士
法国
英国
俄国
葡萄牙   西班牙   奥地利

革命年代

　　1789 年，如果法国大革命之后再无革命，世界会变成怎样？自从 1640—1688 年的英国资产阶级革命以来，在 18 世纪与 19 世纪之交，"革命"席卷整个欧洲和南北美洲。人们开始质疑传统的宇宙法则，呼吁个人权利；在社会与政治的乱象之下，人们渴求乌托邦式的理想国度；政府推行行政改革；学界热衷于研究各类革命史。1770 年之后，"革命"的氛围在欧美已俨然成熟，或自上而下由王公贵族强制推行改革，或自下而上由民众发起反抗。

　　而在这些政治运动中，法国所发生的一切脱颖而出。当时，法国是最富裕的欧洲国家，君主制根深蒂固，看似毫无可能的变革猝然发生，完全出乎人们的预料。特别是在此之前发生的一系列革命，除了美国和波兰之外，均陆续以失败告终。很快，法国大革命彻底改变了"革命"一词的基本含义。三年之后，即 1792 年，"革命"意味着"革命者"团体有组织地颠覆君主制，随后将国王送上断头台。

独立战争：
1760 年代，英国国王限制移民向西扩张，强制课税，冲突初现。1773 年，波士顿爆发抗议运动。1776 年，美国宣布独立。1783 年，独立战争胜利。1787 年，美国通过宪法。

▲ 美国
1776

■ 波士顿
1773

托马斯·潘恩
1737—1809
潘恩曾从北美殖民地返回英国支持法国大革命。1776 年，他出版《常识》一书。潘恩后被授予"法国荣誉公民"称号，并重返美国。

▼ 墨西哥
1767

✊ 瓜达卢佩圣母
1767

政府将教会置于国家控制之下，驱逐耶稣会士，引发民众骚乱。其中，民众围绕新西班牙的"圣母玛利亚"瓜达卢佩圣母进行的反抗尤为激烈。

弗朗西斯科·德·米兰达
1750—1816
米兰达从曾在西班牙军队中服役，参加了美国独立战争。随后他游历欧洲直至 1786 年。法国大革命期间，他参加了瓦尔密战役。1798 年，米兰达出狱，他经英国返回美洲。解放委内瑞拉后，他再度入狱，死于监牢。

塔德乌什·柯斯丘什科
1746—1817
波兰军官。法国留学之后，他回到波兰，后至美洲参加独立战争。他曾率波兰军队击败俄军并返回法国，直至流亡德国和美国。最后，他返回欧洲，终老于瑞士。

巴西
1755—
1776

✊ 图帕克·阿马鲁二世
1778

▲ 西班牙（安第斯地区）
1778—
1783

安第斯居民建立自治政府，曾获得西班牙王国认可。随后，两者矛盾爆发。图帕克·阿马鲁二世在上秘鲁地区和印加地区发动起义，反抗增加赋税和宗教改革，维护印第安人权利。

葡萄牙首相庞巴尔侯爵操持威权，在国内及巴西强推改革，收服贵族，控制教会，驱逐耶稣会成员，实施经济自由化。国家的中央集权加强，教育制度得到发展。

4

政治动荡，
爱尔兰议会向英国议会
要求平等权和贸易自由权。
"1782年宪法"承认爱尔兰
议会与苏格兰议会权力
均等。然而问题并未解决。
1797—1798年，在法国
大革命的影响下，爱尔兰
爆发起义，招致
血腥镇压。

爱尔兰
1778

爱尔兰
1778

国王顾问
施特林泽
强推改革措施：谷物
自由流通，教育制度
改革，宗教宽容。贵族
发动政变，施特林泽
遭斩首并被
肢解。

1770
—1790
丹麦

国王
古斯塔夫三世
通过政变实施"现代化"
君主制。他废除农奴制，
赋予所有瑞典国民平等权利。
1790年，他成为欧洲反
革命的领军人物；
1792年，被贵族
暗杀。

1772
—1792
瑞典

国王
腓特烈二世
自称"国家第一公仆"，
与伏尔泰常年保持书信
往来，在王国内强制推行
改革，推行宗教宽容
政策及部分自由主义
经济政策。

1760
—1790
普鲁士

俄国
1773
—1789

女沙皇
叶卡捷琳娜二世
受到狄德罗影响，
推行教育改革，开放谷物
流通，没收教会资产，
镇压了震撼全国的农民起义。
之后，她成为
反对法国大革命阵营中的
领军人物。

美国的独立
战争中，无论出于
政治理念，还是从海上
贸易自由的利益考量，
荷兰精英都站在美国一方。
爱国派宣布重建1572年
的自由制度，组织城镇自卫
武装。1786年取得阶段性
胜利之后，运动被
荷兰省督镇压。

尼德兰联省共和国
1780

比利时
1787

波希米亚
1775

日内瓦
1782

哥萨克
1773

波兰
1770
—1792

特兰西瓦尼亚
1784

波兰爆发"革命"，
但最终被强邻瓜分。
1791年5月3日，
在普鲁士的支持下，
波兰改革者发布宪法，
宣布建立集权制的君主国。
1792年，柯斯丘什科发动起义，
从贵族反对派手中夺权，
但以失败告终。
起义组织者被流放，
波兰遭瓜分。

奥地利
1775
—1787

在比利时和
波希米亚，
皇帝约瑟夫二世
以劳役制取代农奴制，
限制图书审查，
推行宗教宽容，
实现国家世俗化，
没收修道院资产，
反对教皇。

法国
1770

路易十五
限制最高法院的权力，
改良行政体系，改善税收
制度。财务大臣莫普推行的
系列改革也一度被称为
"革命"，在法国引起
广泛不满。

托斯卡纳
1770
—1790

大公利奥波德
改革行政制度，
废除死刑，发展经济。
作为改革的支持者，
1789年，他曾一度拒斥
来自法国的反革命流亡贵族。
然而次年，他继位皇帝
之后积极反对法国的
革命。

科西嘉
1755

帕斯夸莱·保利
使小岛摆脱了热那亚的统治。
1764年，卢梭应邀提出
政治建构方面的建议。
1769年，法国征服科西嘉岛。
保利及其支持者
流亡至英格兰。

5

▼ 由上而下的革命

▲ 由下而上的革命

 反抗

 镇压

从三级会议到国民议会，一个国家的诞生

1789年，是君主制的错误，还是旧制度的危机？

1789年，法国的人口数量在欧洲仅次于俄国，是欧洲最富裕，也最为人瞩目的国家。君权神授的国王路易十六统治着国家。法国的君主制堪称楷模。凡尔赛宫王室奢华的生活，成为欧洲大小宫廷艳羡与模仿的对象。作为欧洲贵族的通用语，法语毫无疑问成为各国宫廷之间的交流工具。固然，西班牙国王统领着横跨五大洲的庞大帝国，却只能靠着殖民地的资源，庸庸碌碌地度日。英国在国王统治下，工业化进程正如火如荼，但北美殖民地刚刚独立，政体对君权也有诸多限制。奥地利皇帝与俄国沙皇的境况有所不同，他们的国土幅员辽阔，各地区各行其是，彼此纠纷不断。普鲁士和瑞典，即使发展势头不错，终究也还是中等国家。不过，法国君主制自身的衰弱同样不容忽视。统一的局面方才成型，尚十分脆弱，王国仍是一个有各种法规和习俗的大杂烩。最典型的例子就是国内税制的不平等。以盐税为例，布列塔尼等省份不需缴纳盐税，引起其他地区的嫉妒，也促生了走私食盐的网络。国王与其行政部门试图蚕食地方特权，勉力实施中央集权的改革方案，却引发了怨恨甚至叛乱。1770年，路易十六的祖父路易十五曾尝试推行国家现代化，引起强烈不满，不得不退回原点。自此，国家债务持续上升，财政吃紧，危机日渐严重。

令人不堪重负的 **盐税**

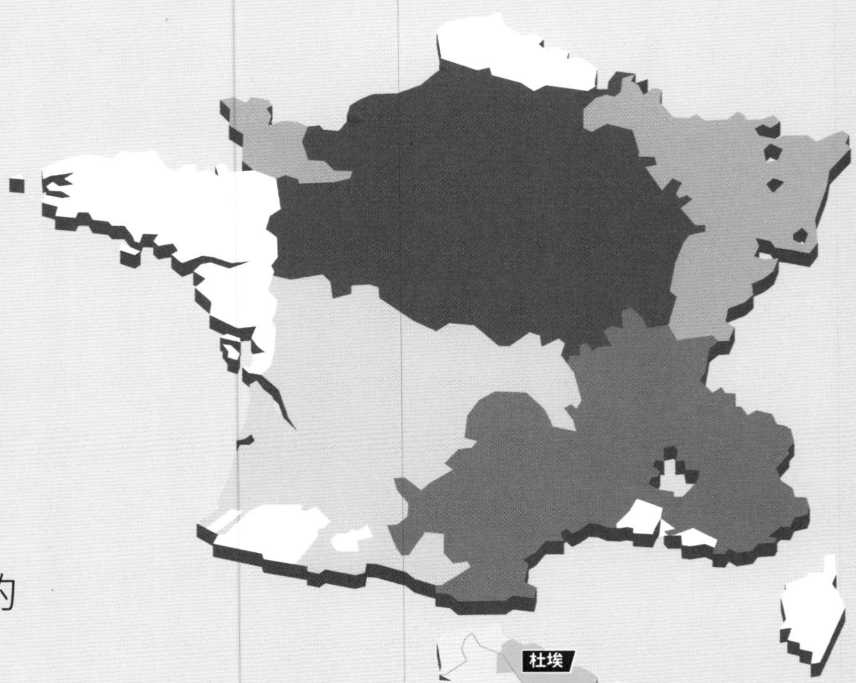

盐税与关税

- 高盐税区
- 中等盐税区
- 低盐税区或盐田
- 超低盐税区
- 免税区

分裂的法国

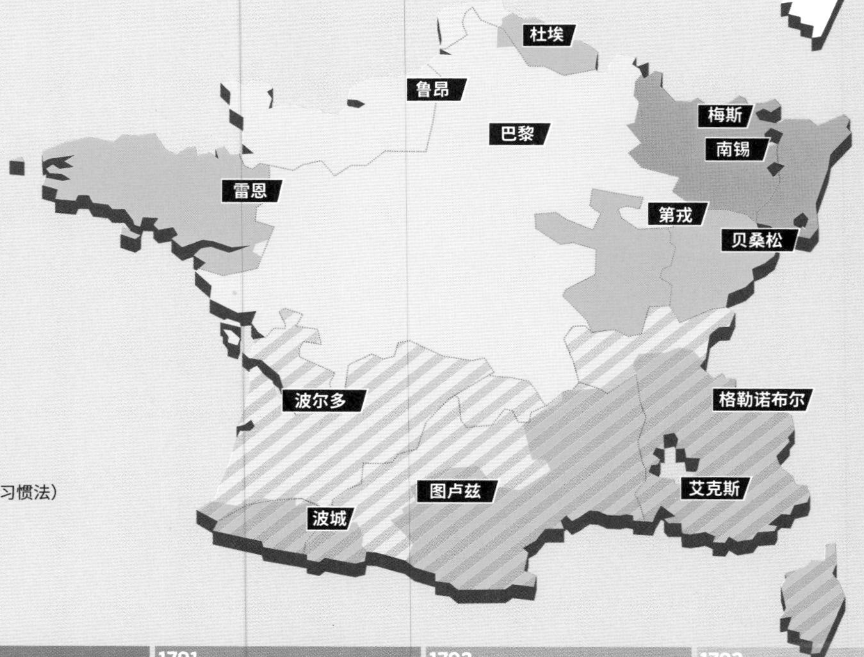

选举地区

- 选举区（国王直辖）
- 三级会议省 ┐地方自治
- 军事占领区 ┘
- 成文法使用地区（北部多采用习惯法）
- 高等法院所在地

杜埃
鲁昂
巴黎
梅斯
南锡
雷恩
第戎
贝桑松
波尔多
格勒诺布尔
图卢兹
艾克斯
波城

| 1788 | 1789 | 1790 | 1791 | 1792 | 1793 |

6

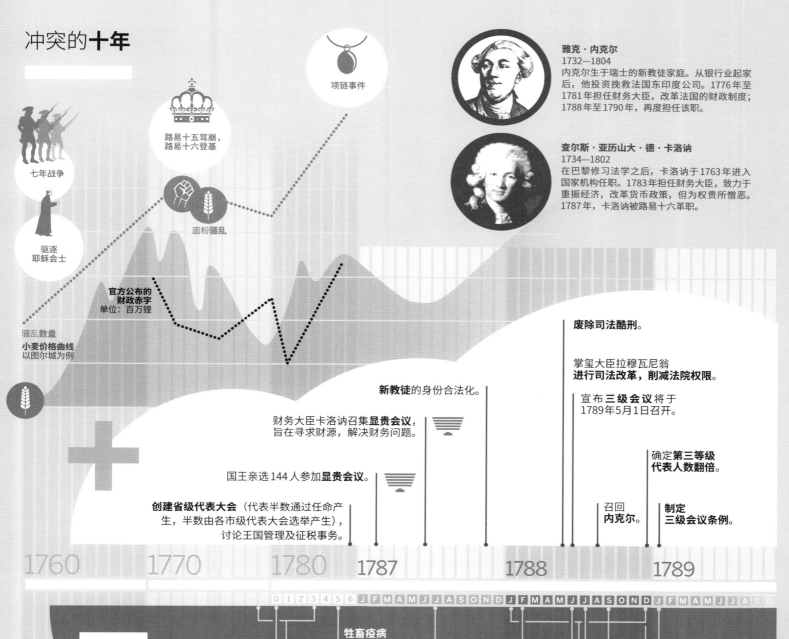

冲突的**十年**

项链事件

路易十五驾崩，
路易十六登基

七年战争

面粉骚乱

驱逐
耶稣会士

官方公布的
财政赤字
单位：百万锂

骚乱数量
小麦价格曲线
以图尔城为例

雅克·内克尔
1732—1804
内克尔生于瑞士的新教徒家庭。从银行业起家
后，他投资挽救法国东印度公司。1776年至
1781年担任财务大臣，改革法国的财政制度；
1788年至1790年，再度担任该职。

查尔斯·亚历山大·德·卡洛讷
1734—1802
在巴黎修习法学之后，卡洛讷于1763年进入
国家机构任职。1783年担任财务大臣，致力于
重振经济，改革货币政策，但为权贵所憎恶。
1787年，卡洛讷被路易十六革职。

废除司法酷刑。

掌玺大臣拉穆瓦尼翁
进行司法改革，削减法院权限。

宣布**三级会议**将于
1789年5月1日召开。

新教徒的身份合法化。

财务大臣卡洛讷召集**显贵会议**，
旨在寻求财源，解决财务问题。

确定**第三等级
代表人数翻倍。**

国王亲选144人参加**显贵会议**。

创建省级代表大会（代表半数通过任命产
生，半数由各市级代表大会选举产生），
讨论王国管理及征税事务。

召回
内克尔。

制定
三级会议条例。

| 1760 | 1770 | 1780 | 1787 | 1788 | 1789 |

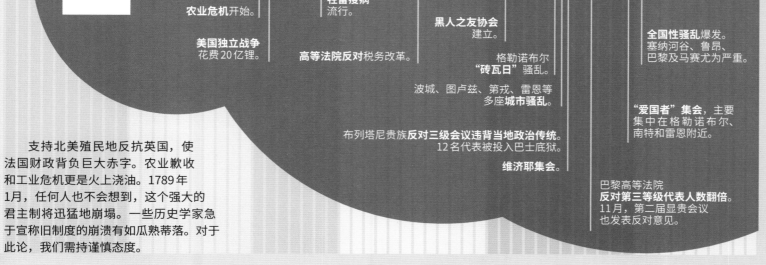

0 1 2 3 4 5 6 J F M A M J J A S O N D J F M A M J J A S O N D J F M A M J J A S O

农业危机开始。

牲畜疫病
流行。

黑人之友协会
建立。

全国性骚乱爆发。
塞纳河谷、鲁昂、
巴黎及马赛尤为严重。

美国独立战争
花费20亿锂。

高等法院反对税务改革。

格勒诺布尔
"砖瓦日"骚乱。

波城、图卢兹、第戎、雷恩等
多座**城市骚乱**。

"爱国者"集会，主要
集中在格勒诺布尔、
南特和雷恩附近。

布列塔尼贵族**反对三级会议违背当地政治传统。**
12名代表被投入巴士底狱。

维济耶集会。

巴黎高等法院
反对第三等级代表人数翻倍。
11月，第二届显贵会议
也发表反对意见。

支持北美殖民地反抗英国，使
法国财政背负巨大赤字。农业歉收
和工业危机更是火上浇油。1789年
1月，任何人也不会想到，这个强大的
君主制将迅猛地崩塌。一些历史学家急
于宣称旧制度的崩溃有如瓜熟蒂落。对于
此论，我们需持谨慎态度。

| 4 | 1795 | 1796 | 1797 | 1798 | 1799 |

迷失的政治改革

三级会议确定于 1789 年春季召开。全国的成年男性将推选出 1 000 余名代表与会。代表来自王国的三个社会等级——教士、贵族和第三等级。其中，来自第三等级平民的代表人数为其他等级的两倍。然而，会议议事计票时应当一个等级一票，还是一名代表一票？国王没有给出明确答案，这一新举措使会议陷入危机。

除了推选代表的权利，法国民众还有权提交陈情书。相关部门将汇集陈情书，整理归纳后上呈国王，为未来的政策制定提供参考。这些资料的价值不容忽视，但很晚才被史学界重视。当时，诸多社会党派各自怀有对未来的希望。陈情书的起草，也体现了各种诉求之间的碰撞。他们的诉求并未直接挑战王国的社会结构，但多少削弱了传统的价值观和国王的权威。

选举代表及提交陈情书

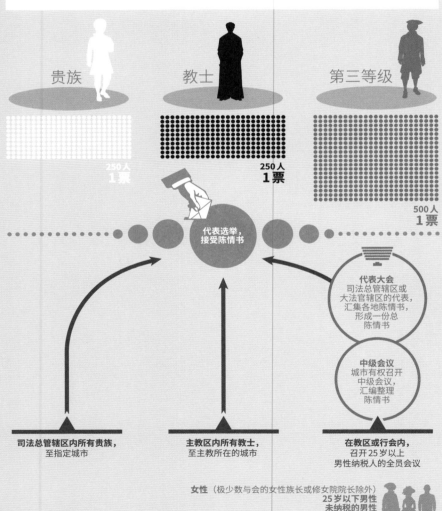

8

陈情书

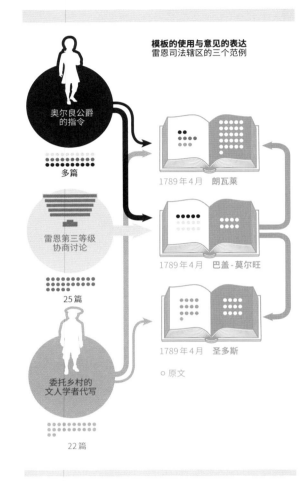

固然，许多陈情书的写作只是跟随某些党派刻意营造的所谓潮流。国王的表兄奥尔良公爵的影响范围内就不乏此例。然而，无论如何，数以千计的陈情书还是反映了法国民众的基本诉求。

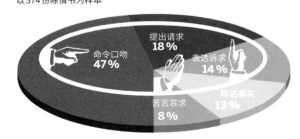

请愿的策略
以 574 份陈情书为样本

自由与平等，不同的概念

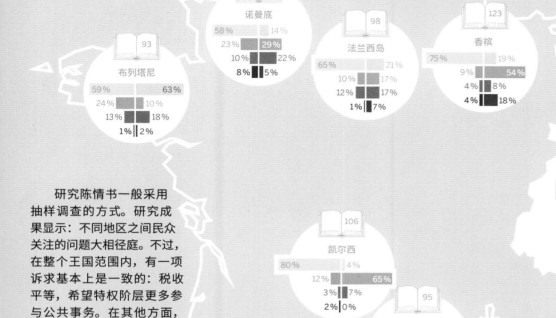

诺曼底 110
- 58% | 14%
- 23% | **29%**
- 10% | 22%
- 8% | 5%

法兰西岛 98
- 65% | 21%
- 10% | 17%
- 12% | 17%
- 1% | 7%

香槟 123
- 75% | 19%
- 9% | 8%
- 4% | 54%
- 4% | 18%

布列塔尼 93
- 59% | 63%
- 24% | 10%
- 13% | 18%
- 1% | 2%

凯尔西 106
- 80% | 4%
- 12% | 65%
- 3% | 7%
- 2% | 0%

朗格多克 95
- 52% | 16%
- 27% | 31%
- 4% | 10%
- 0% | 3%

鲁西永 130
- 68% | 1%
- 5% | 42%
- 5% | 13%
- 0% | 8%

陈情书
研究样本
数量

平等　自由

税收	摆脱领主权
政治权利	贸易
公民权利	个人
领土	定为基本原则

总计 755
- 65.8% | 18.2%
- 15.0% | 36.7%
- 9.1% | 13.4%
- 2.3% | 6.5%

研究陈情书一般采用抽样调查的方式。研究成果显示：不同地区之间民众关注的问题大相径庭。不过，在整个王国范围内，有一项诉求基本上是一致的：税收平等，希望特权阶层更多参与公共事务。在其他方面，各地根据其具体情况对平等与自由的请愿差异巨大。布列塔尼地区因领主人数众多，且多为在地地主，民众就比较关心摆脱领主权的问题；凯尔西和香槟的居民（与其他地区相比）则更在意贸易自由；鲁西永的加泰罗尼亚人，政治和民事方面的公平程度较高，对此便也不大关注。总体而言，民众诉求多从具体的社会情况出发，较少受抽象概念的影响。

9

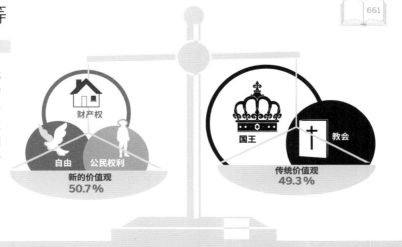

国王的关系
本：661 份陈情书

致敬
"父亲国王"
18.3%

致敬
"公民国王"
24.3%

未致敬
57.4%

价值观的平等

通过这些陈情书我们可以看出，民众复杂而自相矛盾的期望，将被带到三级会议上。正如一只只火药桶，它们将被 1789 年 7 月之后的事件点燃。

661

财产权

自由　公民权利

新的价值观
50.7%

国王　教会

传统价值观
49.3%

明确政治方向

1789年5月4日的仪式

　　1789年5月4日，星期一。法国举办庄重的三级会议开幕弥撒。次日，会议在梅尼大会堂正式召开，国王出席会议。会堂为临时改造而成，可容纳约3 000人。会议召开期间，代表穿着与其社会等级匹配的衣着参会：贵族和高级教士（主教及修道院院长）身着华丽的礼服，而第三等级代表和低级教士（神父）身着朴素的黑衣。等级制度的森严可见一斑，迅速引发了代表内部的不满。5月5日，第三等级代表遭到明显不公：为他们安排的位置远离国王，贵族和教士却可坐在国王附近。几周之后，国民制宪议会成立。第三等级代表得以与贵族和教士同堂议事，与国王对抗，公布《人权宣言》。

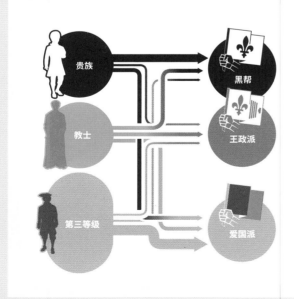

政党的诞生

　　部分代表不愿过多削弱国王的权力，希望议会与国王合作，他们被称作"王政派"。拒绝改革的代表被称作"黑帮"或"贵族派"。当时，没有任何人真正打算推翻君主制并建立新的政体，因此，使用"爱国派"更合适，而使用"革命派"是不妥当的。将一个庞大的王国改造为共和国，还显得如此不切实际。

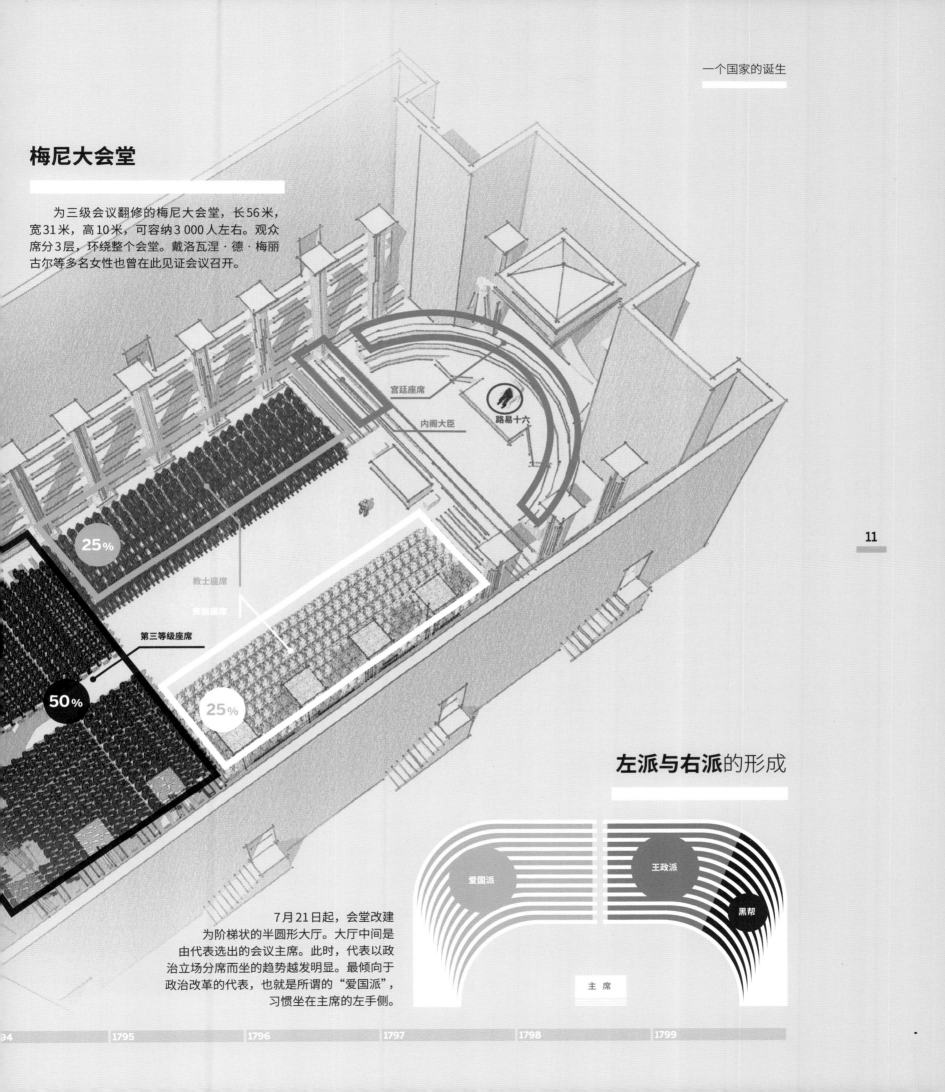

梅尼大会堂

为三级会议翻修的梅尼大会堂，长56米，宽31米，高10米，可容纳3 000人左右。观众席分3层，环绕整个会堂。戴洛瓦涅·德·梅丽古尔等多名女性也曾在此见证会议召开。

宫廷座席

内阁大臣

路易十六

25%

教士座席

贵族座席

第三等级座席

50%

25%

11

左派与右派的形成

7月21日起，会堂改建为阶梯状的半圆形大厅。大厅中间是由代表选出的会议主席。此时，代表以政治立场分席而坐的趋势越发明显。最倾向于政治改革的代表，也就是所谓的"爱国派"，习惯坐在主席的左手侧。

爱国派

王政派

黑帮

主席

攻占
巴士底狱

1789 年 7 月 14 日，民众攻占巴士底狱。这一事件被视作法国大革命的开端和标志。7 月 14 日在 1790 年定为联盟节，更于 1880 年被定为法国国庆日。这一天，其实只是一系列暴乱、愤怒和打斗事件的后续。多年来，紧张的政治氛围推动了局势的动荡，政府对镇压的犹豫不决使支持者心灰意冷。以巴黎 4 月 26 日—28 日的暴乱为例。当时，谣传圣安托万区的两名工厂主图谋从雇工的贫困状况中获益。针对此二人的暴力骚乱一度点燃了整个街区。

1789 年 7 月的事态发展，可归因为民众不满、政治斗争和社会失序的综合作用。国王解职财务大臣内克尔一事，被视作对三级会议的威胁，也是民众诉诸武力的先兆。历史会牢记：7 月 12 日开始，巴黎民众在监狱与军营中四处搜寻武器。最终，数以千计的民众包围了巴士底狱。这座古老的要塞当时只关押着七名囚犯。在民众心中，巴士底狱早已声名狼藉；宫廷质疑其功用，也正打算拆除。然而随后国王的一连串的失当举措，终于引发了暴力冲突。其实，围攻巴士底狱之前，民众已经冲击并拆毁了环绕巴黎的入城关卡。熊熊火焰，早已在城市周边燃起。

前例

沙托兰
1789 年 6 月 9 日—10 日

鲁昂
1789 年 5 月 28 日

雷恩
1788 年 5 月 10 日

蒙莱里
1789 年 4 月 15 日

南特
1789 年 1 月 26 日—27 日

贝桑松
1788 年 6 月 7 日
1789 年 3 月 30 日—4 月 3 日

格勒诺布尔
1788 年 6 月 7 日
"砖瓦日"骚乱

加普
1789 年 4 月 20 日

波城
1788 年 6 月 19 日

利穆
1789 年 5 月 4 日—6 日

马赛
1789 年 3 月 23 日

7 月 11 日 星期六
征收入城税的关卡被冲击并烧毁。

7 月 12 日 星期日
内克尔被解职的消息传出。卡米耶·德穆兰在罗亚尔宫号召民众抗议。在杜伊勒里宫花园，朗贝斯克亲王率领的骑兵负责驱散抗议者与围观者，造成一人死亡。被烧的入城关卡数正在增多。

7 月 13 日 星期一
警钟响彻巴黎。入城关卡形同虚设。抢劫四起，关押在圣拉扎尔修道院的囚徒获释。拉佛尔斯和拉贝伊监狱也遭到攻击。商会会长弗莱塞勒组织市民自卫队（每区 800 人）维持秩序，应对乱局。自卫队佩戴红蓝徽章，以便辨识。议会与宫廷都收到了巴黎情况的报告。

7 月 14 日 星期二
路易十六在日记上写下"一日无事"，可见他此日外出打猎的传言不实。数万名民众在巴黎搜寻武器，冲进荣军院。上午，巴士底狱被围。下午五时，议会与宫廷获知巴黎的情况，军队向巴黎汇集。然而，对是否撤军一事，国王犹豫不决。

7 月 15 日 星期三
凌晨两点，议会向巴黎派出信使，连夜通知国王。清晨，国王与其兄弟赶往议会。

力量分布

数千名攻击者

人员伤亡

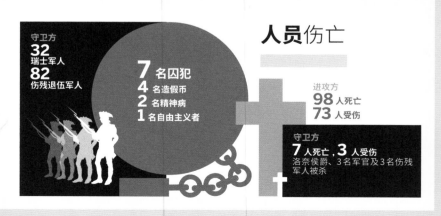

守卫方
32 瑞士军人
82 伤残退伍军人

7 名囚犯
4 名造假币
2 名精神病
1 名自由主义者

进攻方
98 人死亡
73 人受伤

守卫方
7 人死亡，**3** 人受伤
洛奈侯爵、3 名军官及 3 名伤残军人被杀

| 1788 | 1789 | 1790 | 1791 | 1792 | 1793 |

攻占**入城关卡**

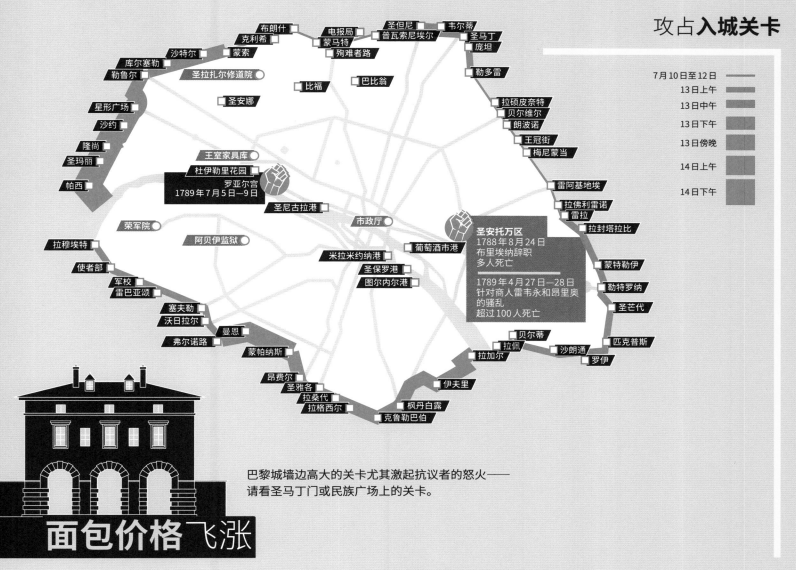

巴黎城墙边高大的关卡尤其激起抗议者的怒火——
请看圣马丁门或民族广场上的关卡。

面包价格飞涨

1783 年农业歉收，小麦价格开始上涨。1784 年，一担小麦的售价高达 31.6 法郎。1785 年农业丰收，导致小麦价格降至 16 法郎。但此后粮价持续走高，于 1789 年 7 月攀至峰顶的 46 法郎。巴黎的面包价格于 7 月 14 日创下了自 1715 年以来的新高。

1

🕙 10:30 攻占荣军院之后，首个代表团前往巴士底狱交涉。一小时之后，图里奥和艾迪·德·科尔尼领衔的第二代表团前往巴士底狱。

🕐 13:30 巴士底狱的守军向起义者开火。

🕑 14:00 德拉维涅和福谢院长领衔的第三代表团进入巴士底狱。一小时后，第四代表团进入巴士底狱。

2

🕞 15:30 于兰率领国民自卫军一部，携带火炮，来到巴士底狱前。

🕔 17:00 守军宣布投降。人群继续聚集。洛奈侯爵挥帽致意的行为被误解。双方交火，情势恶化。

3

🕕 18:00 大批民众在酒商阿克洛克和桑泰尔的带领下至巴士底狱会合。守军在巴齐尼耶尔塔楼上竖起白旗，但仍回击起义者。洛奈侯爵曾悄悄传话起义群众，声称将炸毁巴士底狱，导致守军的投降请求被拒，民众强行攻入。

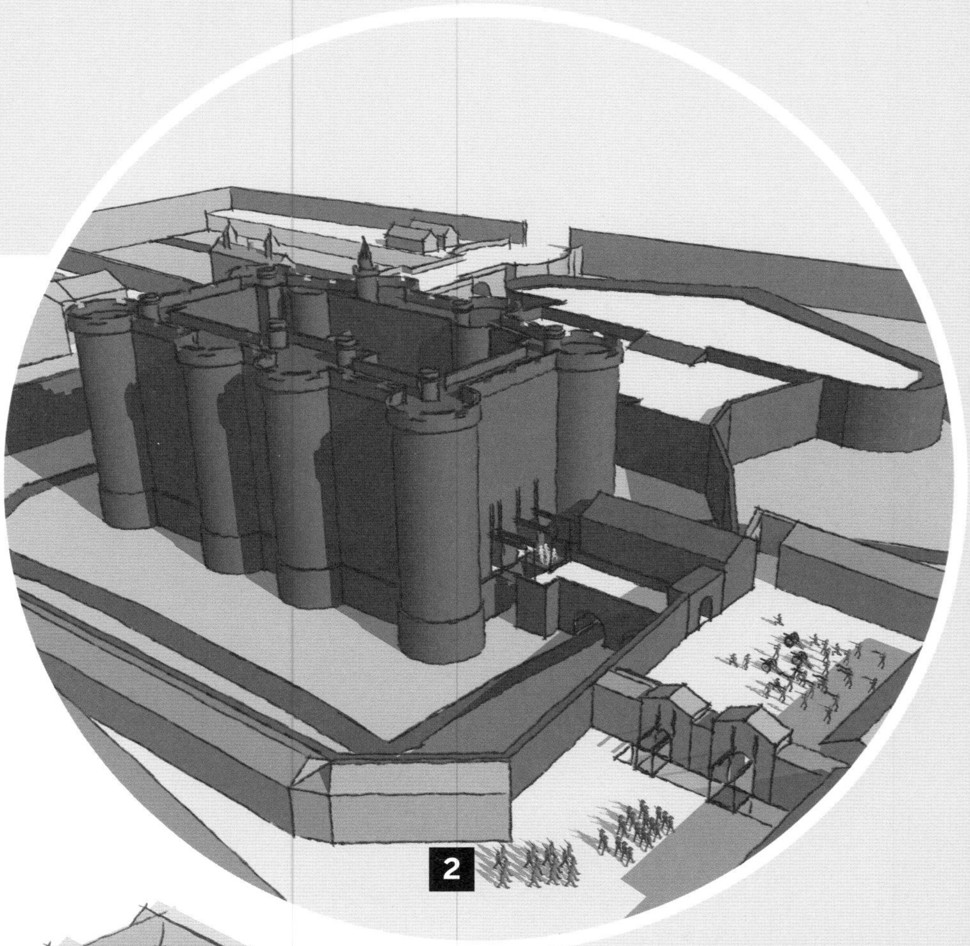

14

这座古老的要塞坐落于圣安托万区，曾是王权强化的象征。但到18世纪末期，它已沦为监狱，且关押犯人不多。国王早有拆毁之意。

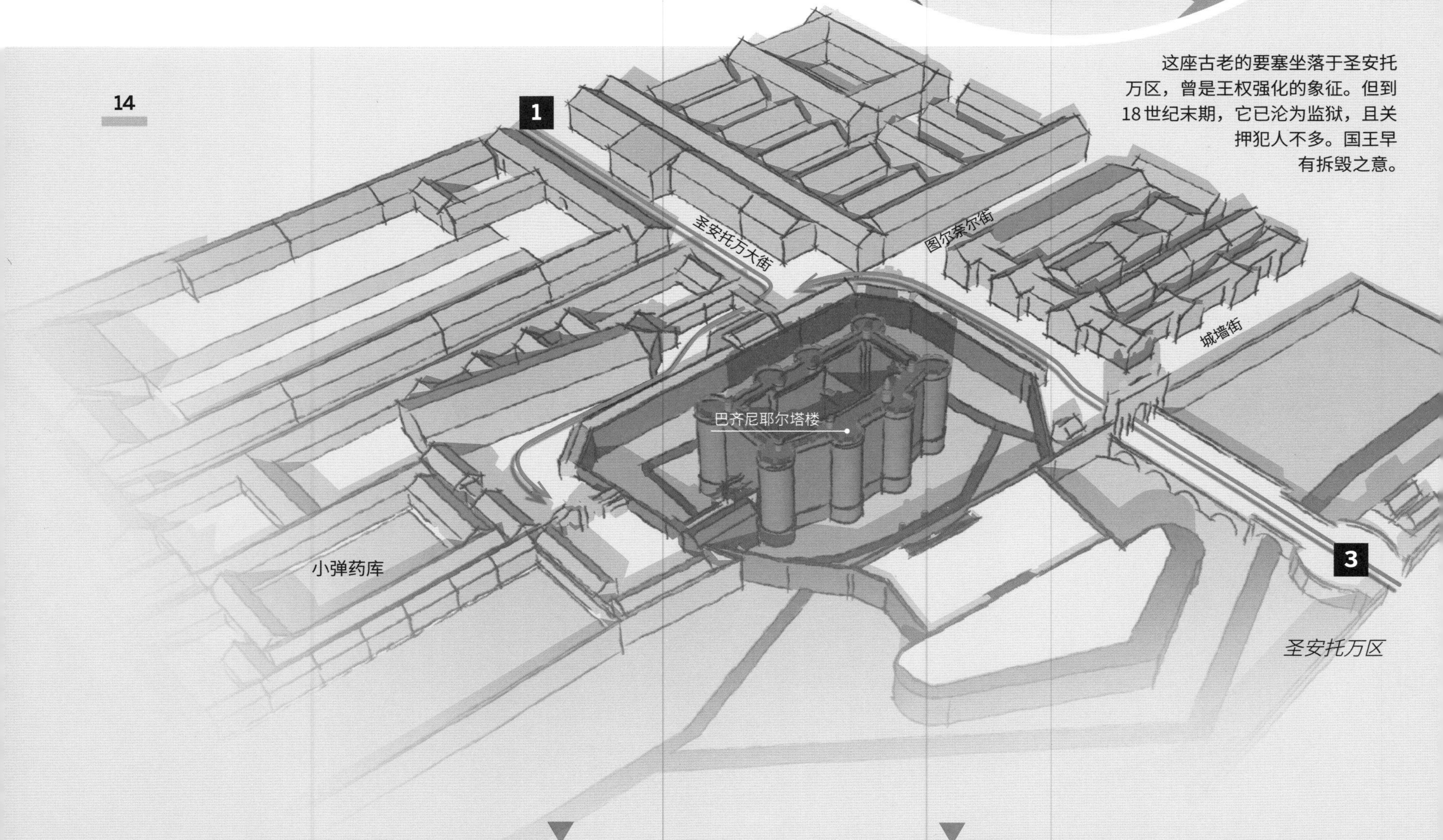

圣安托万大街

图尔奈尔街

城墙街

巴齐尼耶尔塔楼

小弹药库

圣安托万区

| 1788 | 1789 | 1790 | 1791 | 1792 | 1793 |

漫长的工程

7月15日，建筑商帕鲁瓦获准负责拆除巴士底狱。整个工程耗时两年，花费昂贵。同时，他将拆下的砖石重复利用，在塞纳河上建起一座桥梁，连接革命广场（今协和广场）与马尔斯校场。此外，帕鲁瓦的纪念品生意也做得风生水起：巴士底狱的砖石、铁锁、钥匙以及建筑的石膏模型都卖到了全国。他建立了名为"自由使徒"的商业组织，由各商务代表分区销售。

工作日
■ 巴士底狱工地
■ 其他配套工地

毁灭与记忆

攻占巴士底狱之后，各地革命者纷纷起事，夺取权力，进攻军营，推翻了执政的地方议会。最终革命遍地开花。1790年6月，官方正式表彰为"巴士底的胜利者"，认可了这些行动。

巴士底的胜利者

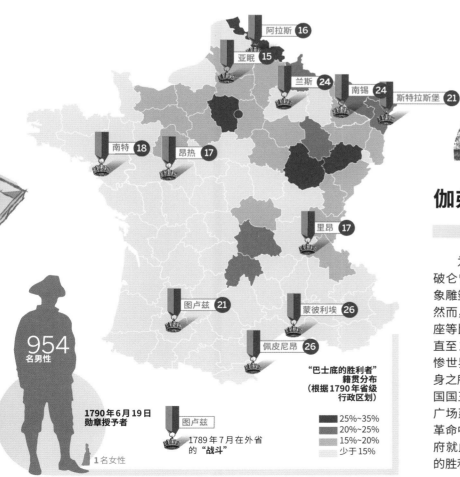

阿拉斯 16
亚眠 15
兰斯 24   南锡 24   斯特拉斯堡 21
南特 18   昂热 17
里昂 17
图卢兹 21   蒙彼利埃 26
佩皮尼昂 26

954 名男性

1名女性

1790年6月19日
勋章授予者

图卢兹

1789年7月在外省的"战斗"

"巴士底的胜利者"
籍贯分布
（根据1790年省级
行政区划）

■ 25%~35%
■ 20%~25%
■ 15%~20%
□ 少于15%

15

伽弗洛什的避难所

为了纪念攻占巴士底狱这一历史事件，拿破仑曾打算在巴士底广场上建一座带塔楼的大象雕塑。根据计划，大象下方还应有一座喷泉。然而，这一纪念性建筑从未完工。1812年，一座等比例大的石膏模型被置于广场上的凉亭中，直至1846年被拆毁。1832年，在雨果的《悲惨世界》一书中，此处便是伽弗洛什的藏身之所。1831年，参加过瓦尔密战役的法国国王路易·菲利普一世，决定在巴士底广场建一座柱状纪念碑，纪念1830年7月革命中的牺牲者。1840年，纪念碑落成。政府就此再度统计并表彰了1789年的"巴士底的胜利者"。

1790年，联盟节

在塞纳河右岸帕西与夏约一带的高地上，害怕拥挤的观众们可以花24锂租到观礼席位。

塞纳河

浮桥

凯旋门
塞莱里耶设计

里尔 1790年6月6日
阿拉斯 1790年6月3日

鲁昂 1790年6月29日　　梅斯 1790年5月

斯特拉斯堡 1790年6月13日

蓬蒂维 1790年2月15日　奥尔良 1790年5月　　沃苏勒 1789年9月18日

昂热 1789年8月18日　　　贝桑松 1789年11月2日

第戎 1790年5月20日　　多勒 1790年2月21日

利穆赞 1790年5月9日

里昂 1790年5月30日—31日　　格勒诺布尔 1790年1月31日

瓦朗斯 1790年1月31日　　　多菲内 1790年4月29日

米约 1789年8月21日

宣誓之时，礼炮轰鸣，所有与会者举起手臂表示团结。

16

外省联盟与议会代表形成**竞争局面**

自1789年以来，革命者组成各种联盟团体，力争捍卫革命成果。政治运动席卷全国，国民议会代表的权威受到挑战。1790年7月14日联盟节的活动，旨在将全国的革命者聚集在巴黎的议会周围。

在巴黎之前的**外省**

国民**自卫军**

国民自卫军的成员佩带武器和挎包，身着白色上衣和马裤。冬装是呢绒材质，夏装则采用纱布或棉布。帽檐有黑色的丝质饰带，配有三色帽徽：中间为代表王室的白、蓝两色，外圈为红色。帽上插着雄鸡的尾羽做装饰。护腿套冬季为黑色，夏季使用白布。

参加仪式的正规军士兵共50 000人，其中包括瑞士卫队一部。来自83个省的**国民自卫军士兵**手持白色旗帜，与正规军并肩列队前行。

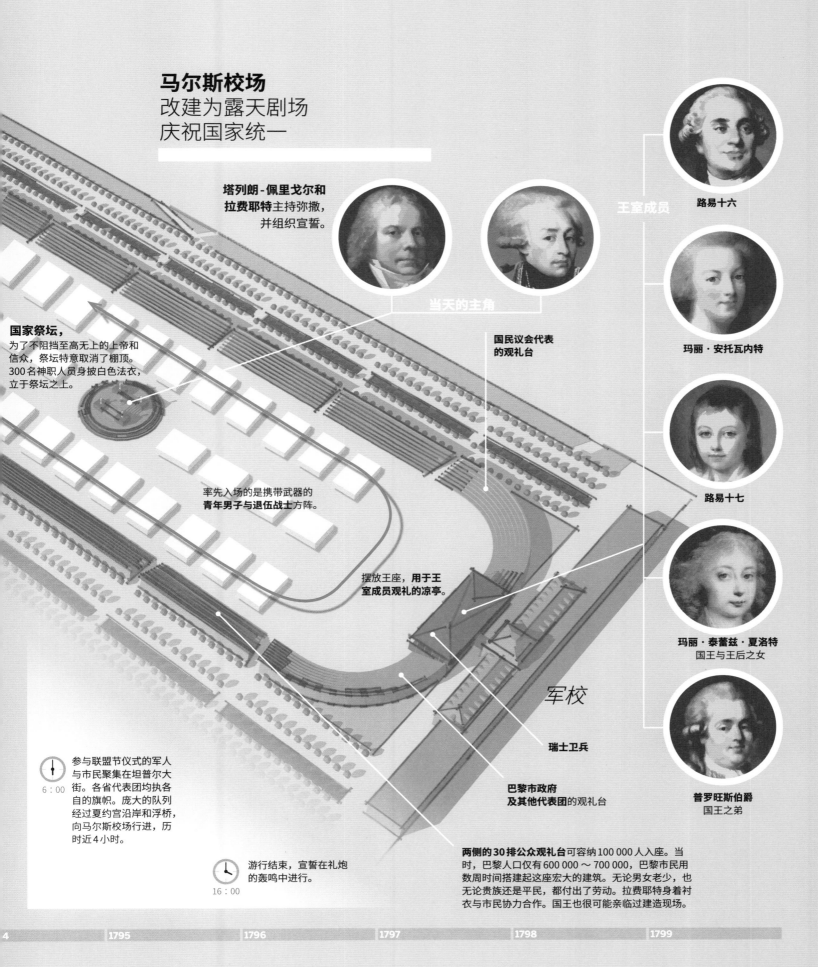

马尔斯校场
改建为露天剧场
庆祝国家统一

塔列朗-佩里戈尔和拉费耶特主持弥撒，并组织宣誓。

当天的主角

国家祭坛，
为了不阻挡至高无上的上帝和信众，祭坛特意取消了棚顶。300名神职人员身披白色法衣，立于祭坛之上。

率先入场的是携带武器的**青年男子与退伍战士**方阵。

国民议会代表的观礼台

摆放王座，用于**王室成员观礼**的凉亭。

王室成员

路易十六

玛丽·安托瓦内特

路易十七

玛丽·泰蕾兹·夏洛特
国王与王后之女

普罗旺斯伯爵
国王之弟

军校

瑞士卫兵

巴黎市政府
及其他代表团的观礼台

6:00 参与联盟节仪式的军人与市民聚集在坦普尔大街。各省代表团均执各自的旗帜。庞大的队列经过夏约宫沿岸和浮桥，向马尔斯校场行进，历时近4小时。

16:00 游行结束，宣誓在礼炮的轰鸣中进行。

两侧的30排公众观礼台可容纳100 000人入座。当时，巴黎人口仅有600 000～700 000，巴黎市民用数周时间搭建起这座宏大的建筑。无论男女老少，也无论贵族还是平民，都付出了劳动。拉费耶特身着衬衣与市民协力合作。国王也很可能亲临过建造现场。

17

瓦雷讷，
国王的逃亡

1791年6月，一场政治地震

1791年6月21日，路易十六全家连夜潜出巴黎，准备逃往蒙梅迪，投奔以反革命立场著称的布耶将军。逃亡方案可谓周密，最终却功亏一篑。之所以失败或许是因为国王缺了些运气与决断力，但或许也可归因于布耶将军并未真正倾力。部分议会成员将国王的逃亡解释为"遭遇劫持"，事件很快引发了政治地震，并波及全国。几天之内，消息不胫而走，加剧了民众对内战的担忧和对反革命的恐惧。人们迅速做出强烈的反应。国王回巴黎用了4天。在这4天时间里，政治斗争异常激烈，某些冲突甚至引发了杀戮。

这一周荒诞的经历，彻底改变了法国历史的进程。人们受到巨大的情感冲击，社会舆论方向转变，革命者内部联盟瓦解。革命左翼团体立即要求废黜国王，建立共和国。然而这一主张充满了不确定性。当时，无人知道应当建立怎样的共和政体：应该效仿古罗马还是美国？以罗伯斯庇尔为代表的雅各宾派拒绝贸然行动。

18

热罗姆·佩蒂翁·德·维勒讷沃
1756—1794
律师，制宪议会代表，雅各宾派成员。1791年成为议会中极左翼的代表。此后，他被视作吉伦特派领袖，直至惨死。

安托万·巴纳夫
1761—1793
律师，制宪议会代表，1789年大革命发起者之一。1791年，作为斐扬派，他被视作中立派的标志性人物。1793年死于断头台。

夏尔·凯撒·德法伊德·拉图尔·莫布尔
1756—1831
军官，制宪议会代表，自由派贵族代表。他既同情革命，又支持王政，并为此奋斗终生。

21

0 h
4 h

普罗旺斯伯爵及阿克塞尔·费尔桑伯爵向比利时逃亡。国王一家也随后连夜离开杜伊勒里宫。

国王抵达莫城。

国王逃亡的消息传出并扩散。

多数议会代表认定国王被人劫持而逃亡。大炮响起，警钟齐鸣。

拉费耶特紧急派出特使罗默夫及巴永离开巴黎。

国王到达沙隆。民众不安。

国王在圣默努尔德被人认出。市民德鲁埃与纪尧姆追踪国王的马车。

国王到达瓦雷讷。

6 h
8 h
10 h
14 h
16 h
18 h
20 h
24 h

22

《总汇通报》刊登国王宣言节选。

国王回到沙隆。

国王在瓦雷讷受阻一事被广为人知。

23

人群聚集在国王的车队周围。

国王及随从抵达埃佩尔奈。

科德利埃俱乐部要求建立共和国。

莫城

巴黎

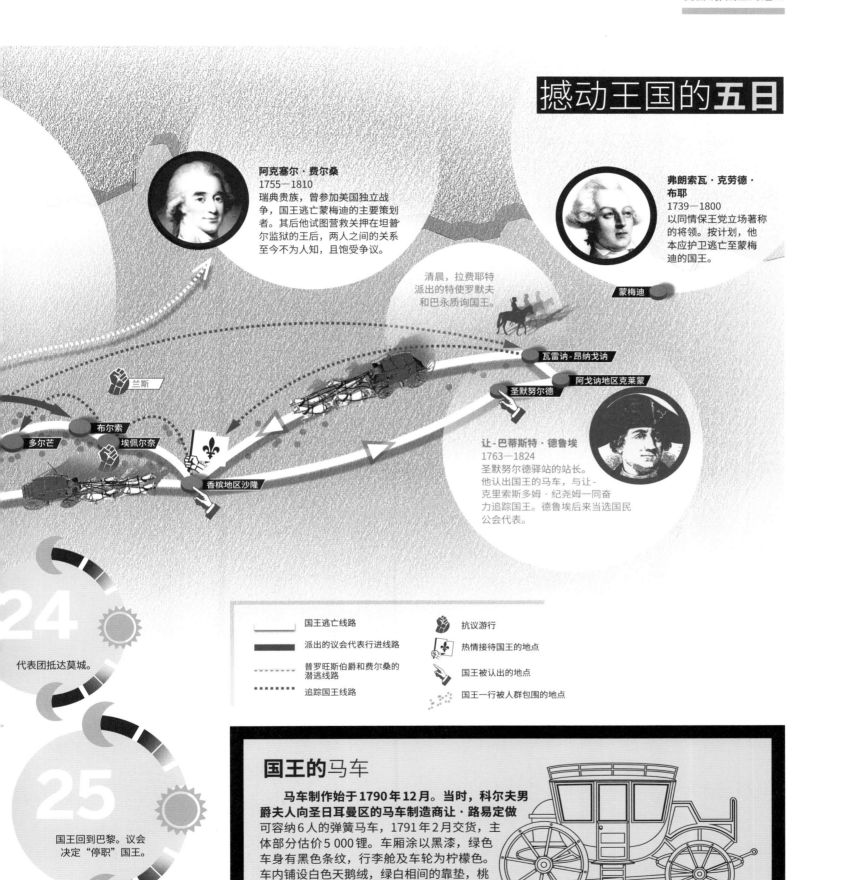

撼动王国的**五日**

阿克塞尔·费尔桑
1755—1810
瑞典贵族，曾参加美国独立战争，国王逃亡蒙梅迪的主要策划者。其后他试图营救关押在坦普尔监狱的王后，两人之间的关系至今不为人知，且饱受争议。

弗朗索瓦·克劳德·布耶
1739—1800
以同情保王党立场著称的将领。按计划，他本应护卫逃亡至蒙梅迪的国王。

清晨，拉费耶特派出的特使罗默夫和巴永质询国王。

蒙梅迪

兰斯

瓦雷讷-昂纳戈讷

阿戈讷地区克莱蒙

圣默努尔德

多尔芒

布尔索

埃佩尔奈

香槟地区沙隆

让-巴蒂斯特·德鲁埃
1763—1824
圣默努尔德驿站的站长。他认出国王的马车，与让-克里索斯多姆·纪尧姆一同奋力追踪国王。德鲁埃后来当选国民公会代表。

19

24
代表团抵达莫城。

25
国王回到巴黎。议会决定"停职"国王。

国王逃亡线路	抗议游行
派出的议会代表行进线路	热情接待国王的地点
普罗旺斯伯爵和费尔桑的潜逃线路	国王被认出的地点
追踪国王线路	国王一行被人群包围的地点

国王的马车

　　马车制作始于1790年12月。当时，科尔夫男爵夫人向圣日耳曼区的马车制造商让·路易定做可容纳6人的弹簧马车，1791年2月交货，主体部分估价5 000锂。车厢涂以黑漆，绿色车身有黑色条纹，行李舱及车轮为柠檬色。车内铺设白色天鹅绒，绿白相间的靠垫，桃心木的窗框，外形有如3个"大衣柜"。车内设有简易的便所。地毯为红色。

马尔斯校场流血事件，
1791年7月17日

塞纳河

6月25日以来，议会仍犹豫不决，试图维持国王与民众之间的团结假象。群情日渐激愤。民众呼吁7月17日在马尔斯校场游行示威，集体签署请愿书，要求建立共和国。

雅各宾派内部分裂。罗伯斯庇尔和佩蒂翁等人起初支持请愿，随后又全身而退。7月17日清晨，请愿者聚集在马尔斯校场。躲在民众签名祭坛下窥视的两名密探当场被抓并被处死。这一插曲其实已无关大局。马尔斯校场流血事件发生的根本原因是国民自卫军的介入：巴伊领导的巴黎市政府发现游行已脱离自己的掌控，请求拉费耶特的国民自卫军干预。自卫军的一些新兵朝人群开火，造成至50人死亡。

巴伊

国民自卫军

让·西尔万·巴伊
1736—1793
科学家，作家，巴黎首任市长。在马尔斯校场事件之后备受抨击，最终死于断头台上。

国家祭坛

马尔斯校场

军校

国王1791年6月21日宣言摘要

面对"君主政体被毁……权力被忽视，财产被侵犯，个人安全受到威胁，罪恶得不到惩罚，彻头彻尾的无政府主义凌驾于法律之上……国王认为有必要向法国人民和全世界展现其行动纲领，及建立政府的基本路线"。

该场运动的主要左翼发起人均预先得知当日将面临的危险。于是，丹东及其友人撤到了农村，马拉躲了起来，而罗伯斯庇尔借住在迪普莱家中——这也是他日后的居所。

东部和西部，两支国民自卫军

国民自卫军的人员组成非常复杂。一部分为大革命时期的前法国士兵，领取军饷；一部分为志愿者。后者从比较富裕的"积极公民"中招募而来。他们支持革命，爱戴拉费耶特，不愿意当"消极公民"[1]，不喜"无套裤汉"（这一称呼当时已经出现）参与政治。来自巴黎西部与来自巴黎东部城郊的自卫军之间，隔阂昭然若揭。这一对立状况在7月17日的流血事件中展露无遗。

1788	1789	1790	1791	1792	1793

[1] 根据法国1791年宪法，由于经济状况而不享有选举权的公民等级。（全书注释均为译者注）

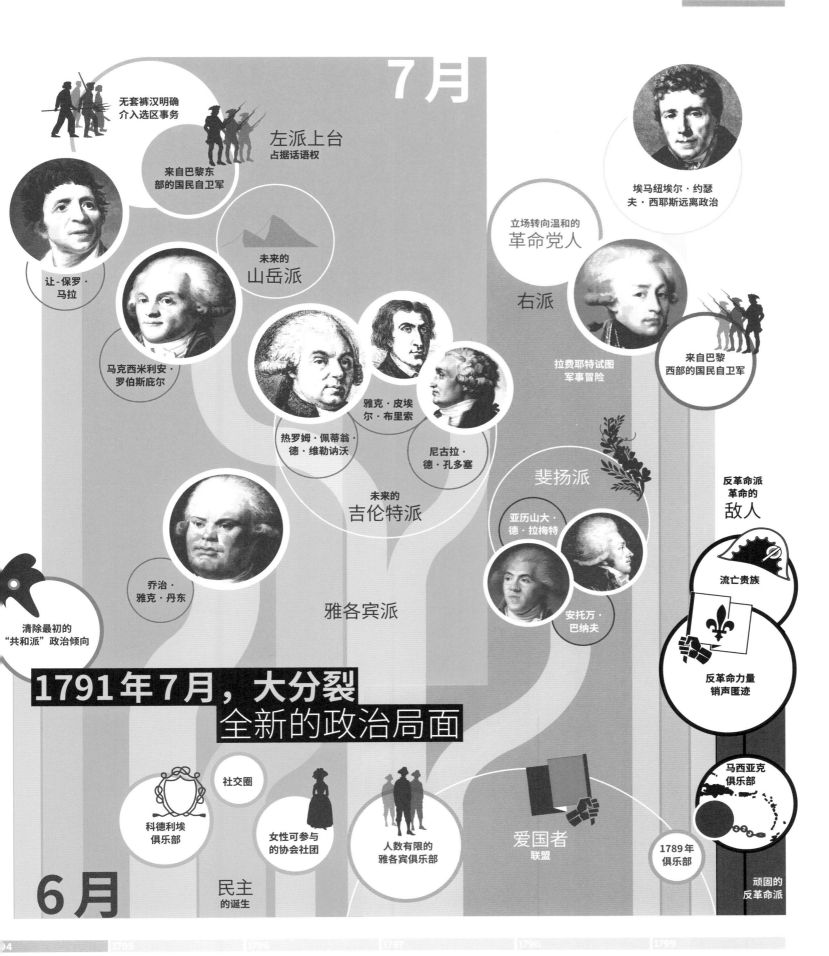

7月

无套裤汉明确介入选区事务

左派上台
占据话语权

来自巴黎东部的国民自卫军

埃马纽埃尔·约瑟夫·西耶斯远离政治

立场转向温和的
革命党人

右派

让-保罗·马拉

未来的
山岳派

马克西米利安·罗伯斯庇尔

热罗姆·佩蒂翁·德·维勒讷沃

雅克·皮埃尔·布里索

尼古拉·德·孔多塞

未来的
吉伦特派

拉费耶特试图军事冒险

来自巴黎西部的国民自卫军

斐扬派

反革命派革命的
敌人

亚历山大·德·拉梅特

乔治·雅克·丹东

雅各宾派

安托万·巴纳夫

流亡贵族

清除最初的"共和派"政治倾向

反革命力量销声匿迹

1791年7月，大分裂
全新的政治局面

马西亚克俱乐部

社交圈

科德利埃俱乐部

女性可参与的协会社团

人数有限的雅各宾俱乐部

爱国者
联盟

1789年俱乐部

6月

民主
的诞生

顽固的反革命派

21

仍是国王

瓦雷讷市政府收到的寄信地址

发信的国民自卫军

按信函量标记的"赎回国王"运动

艾尔　里尔

佩罗讷

亚眠　　色当

勒阿弗尔　　　兰斯

瓦洛涅

卡昂　贝尔奈　　圣但尼　　　圣米耶尔　比什维莱尔

圣洛　　阿让唐　塞夫勒　　巴黎　　巴勒迪克　　圣迪耶

拉尼永　　　　　　　　凡尔赛　　　圣迪济耶

圣布里厄　　　　　　　　布里孔特罗贝尔　埃皮纳勒

特鲁瓦　　肖蒙

孔卡诺　　拉瓦勒　　　　奥尔良　　朗格勒

博让西

昂热　　　　　　克拉姆西

圣让-德洛讷　贝桑松

沙隆　　波利尼

拉沙泰涅赖　　　　　　穆兰　　　隆勒索涅

丰特奈-勒孔特　　　　瓦雷讷　　圣克洛德

谢夫布托讷　　　　　　　　　　布雷斯地区布尔格

吕费克　　利摩日　　梯也尔　　里昂

蓬斯　　　　　　昂贝尔　　维埃纳

波尔多　　　　　阿尔德　　　　图尔农

瓦朗斯　　格勒诺布尔

蒙泰利马尔

圣利夫拉德　　　　　　　于泽斯

托南　　　　　　　　　　圣伊波利特

孟德斯鸠　阿让　　内格勒珀利斯

阿尔比

布尔诺

马扎梅

佩皮尼昂

布伊德桑克里斯多

在这个充满变数的月末，政治局面亦发生剧变。雅各宾派分裂，昔日的多数派也分崩离析。后者组建的斐扬派，在1791年9月成立的制宪议会上成为温和右翼，很快名誉扫地。反之，雅各宾派的核心倒向在马尔斯校场惨案后重组的激进左翼。1791年年底，雅各宾俱乐部掌权，但很快分裂成互相对立的吉伦特派和山岳派。

"赎回国王"运动

1791年7月，具有保王党色彩的《巴黎公报》发布"赎回国王"运动，号召读者向立法议会请愿，牺牲自己，作为人质交换国王。7月至9月，议会主席收到615封请愿信。妇女在这些"国王人质"中占四分之一。该运动的主要参加者集中于法国西部。之后，国王受宪法制约、大批贵族流亡，标志着运动的终结。

一个
"国王人质"
志愿者的戒指

1788　　1789　　1790　　1791　　1792　　1793

1791年宪法，
权力部门和内部冲突

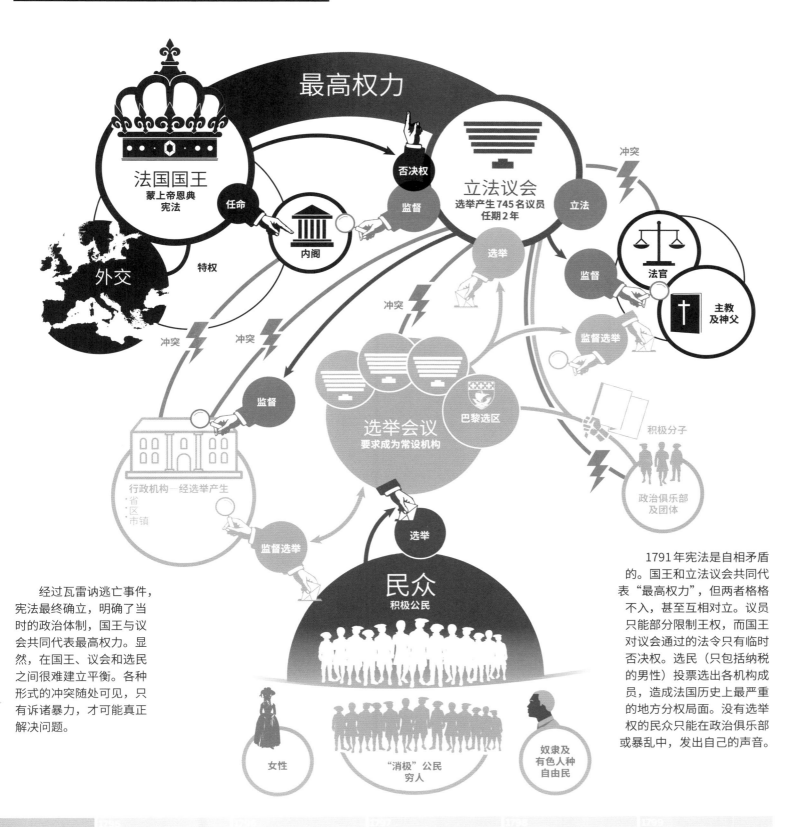

最高权力

法国国王
蒙上帝恩典
宪法

任命

内阁

特权

外交

否决权

监督

立法议会
选举产生745名议员
任期2年

立法

选举

监督

冲突

法官

主教及神父

监督选举

冲突

冲突

冲突

监督

行政机构—经选举产生
· 省
· 区
· 市镇

监督选举

选举会议
要求成为常设机构

巴黎选区

积极分子

政治俱乐部及团体

选举

民众
积极公民

监督选举

女性

"消极"公民
穷人

奴隶及
有色人种
自由民

经过瓦雷讷逃亡事件，宪法最终确立，明确了当时的政治体制，国王与议会共同代表最高权力。显然，在国王、议会和选民之间很难建立平衡。各种形式的冲突随处可见，只有诉诸暴力，才可能真正解决问题。

1791年宪法是自相矛盾的。国王和立法议会共同代表"最高权力"，但两者格格不入，甚至互相对立。议员只能部分限制王权，而国王对议会通过的法令只有临时否决权。选民（只包括纳税的男性）投票选出各机构成员，造成法国历史上最严重的地方分权局面。没有选举权的民众只能在政治俱乐部或暴乱中，发出自己的声音。

23

1792年8月10日，二次革命

1792年发生在夏天的事件才是一场真正的革命，这场革命标志着法国彻底与君主制决裂。

当时，敌军攻入法国北境直接威胁巴黎，8月10日民众起义，摧毁了自1789年建立的君主立宪制，出现权力真空。组织起义的公社与立法议会的议员分庭抗礼。内阁部长负责组建新议会——国民公会。随后，国民公会宣布成立共和国这一全新的政体。

8月10日起义是各种矛盾长期对立升温的结果。当时，国王已在自己身边聚集了足以抗衡起义群众的武装力量。当天混乱的情势使得国王与议会之间展开了博弈，数场血案更是造成了上千人死亡。

路易十五广场

香榭丽舍大道

斐扬修道院

9

7

橘园

25人

吊桥

杜伊勒里花园

水台

塞纳河

在警钟的召唤之下，成千上万的民众向杜伊勒里宫聚集而来。 无套裤汉、国民自卫军、马赛及布列斯特的联盟军从巴黎各处赶来。其中，大部分人来自巴黎东部城郊：桑泰尔率领圣安托万区的民众；亚历山大率领圣马塞尔区的民众。

马赛联盟军

桑泰尔

亚历山大

1
6:00 杜伊勒里宫大门紧闭，守卫人数增加3倍。来自塞纳河左岸的起义民众到达卡鲁塞尔广场。路易十六检阅军队，受到一些国民自卫军成员的羞辱。部分营队加入起义民众的队伍。

6:30 巴黎市政检察官勒德雷尔说服国王去国民立法议会寻求庇护。

2
8:30 国王全家离开杜伊勒里宫。

3
9:00 宪兵沿雷塞尔街撤退。韦斯特曼率领起义民众在卡鲁塞尔广场布阵，从国王桥到圣奥诺雷街方向，形成半环形队形。40门火炮被布置于两翼及中路。王宫正面遭到石块袭击。

4
9:30 民众强行撞开王宫大门。数千联盟军率先攻入王宫庭院。国民自卫军的炮兵掉转炮口，朝向王宫。

10:00 战斗爆发。国民自卫军的两门火炮从隆格维尔公馆向王宫楼梯处发射霰弹，造成瑞士卫兵死伤。卫兵出于惊惧还击，朝庭院中的人群开火。受惊的起义民众四散逃离，退到街道和码头，涌向巴黎市政厅和圣安托万区。瑞士卫兵反击，清空王宫庭院，分兵进攻侧翼的亲王庭院，并一度控制卡鲁塞尔广场。卡鲁塞尔很快失守，直属第一连被歼。

5
王宫贵族与一个瑞士连队从花廊一带突围出来，在奥尔蒂街方向击溃起义民众。

6
II/3连队从御花园一带推进至骑术院，在损失30人之后请求增援。杜伊勒里宫守军仍暴露在邻近房屋火力点的攻击之下。

1788　　1789　　1790　　1791　　1792　　1793

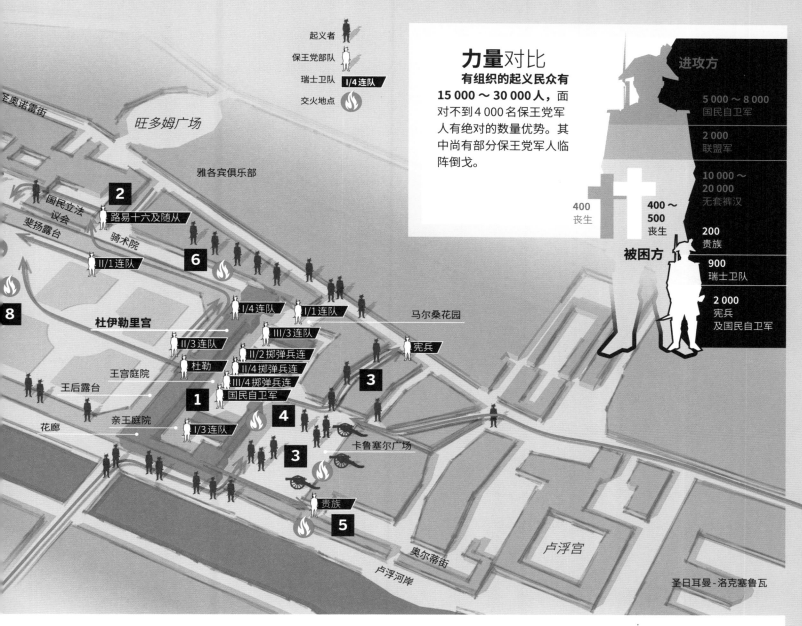

力量对比

有组织的起义民众有 **15 000 ～ 30 000** 人，面对不到 4 000 名保王党军人有绝对的数量优势。其中尚有部分保王党军人临阵倒戈。

400 丧生

400 ～ 500 丧生

进攻方

5 000 ～ 8 000 国民自卫军

2 000 联盟军

10 000 ～ 20 000 无套裤汉

200 贵族

900 瑞士卫队

2 000 宪兵及国民自卫军

被困方

起义者

保王党部队

瑞士卫队　I/4 连队

交火地点

圣奥诺雷街

旺多姆广场

雅各宾俱乐部

国民立法议会

斐扬露台

2 路易十六及随从

骑术院

6

II/1 连队

8

杜伊勒里宫

I/4 连队　I/1 连队

III/3 连队

II/3 连队

II/2 掷弹兵连

杜勒

I/4 掷弹兵连

III/4 掷弹兵连

王宫庭院

国民自卫军

1

亲王庭院

王后露台

I/3 连队

花廊

4

3

马尔桑花园

宪兵

3

卡鲁塞尔广场

3

5 贵族

奥尔蒂街

卢浮河岸

卢浮宫

圣日耳曼-洛克塞鲁瓦

25

7 在斐扬露台附近等待一小时之后，II/1 连队攻击国民自卫军一部，将人群驱散至橘园的死角。身处国民议会的国王发布书面命令，要求瑞士卫兵"撤回军营"。该命令被误解，部分卫兵认为应与国王会合，转向王后广场聚集；其余卫兵未接到命令，继续保卫王宫。

8 11 : 00 御花园受到来自水台、国王桥、骑术院和斐扬咖啡厅的炮火攻击。200 人攻进花园，以伤亡 50 余人的代价冲到骑术院露台，遭遇瑞士卫队。守卫骑术院的卫队开火，民众夺取武器。150 名低级军官和卫兵被押往斐扬修道院，13 名军官被关入国民立法议会。

9 部分卫兵根据对国王命令的另一重解读，强攻橘园，试图返回驻地。到达路易十五广场之后，遭到国民自卫军卡皮西纳营的攻击。同时，香榭丽舍一带的炮兵阵地也朝他们开火。幸存的卫兵被押往市政厅。在 40 门重炮的攻击下，仍有 400 名瑞士卫兵死守杜伊勒里宫。围攻者强攻不得，便炸毁国王马厩和卫队阵地，随后发动突击。80 名掷弹兵抵抗了 20 分钟后，王宫终被攻陷。

数支瑞士卫队试图重返营地：近百人从马尔桑花园突围，80 人死于雷塞尔街。其他人杀出御花园，30 余人向皇家街推进。

16 : 00 所有守卫停止战斗。

19 : 00 谣传库尔布瓦营地剩余的瑞士卫兵进军巴黎，议会下令包围营地。当时，连同毫无抵抗能力的伤病人员在内，营中只有 50 人和 10 颗子弹而已！

权力的真空，九月惨案

随后几周内，局势严重恶化。普鲁士大军压境，某些革命团体决定动用私刑处死革命的反对派（包括顽固派教士、保王党人及王室的亲友）。然而，这些革命团体成员的具体身份至今仍难以界定。巴黎的屠杀主要发生在9月2日至5日，遇难者估计为1 100～1 400人。法国各地均有屠杀现象发生。这一惨痛的暴力事件很快引起世人关注，至今仍被视作法国大革命的重要一幕。然而，无论史学界还是评论界，对此都缺乏准确的描述，在其意义方面也从未真正达成共识。因此，本页内容仅限于一些基本定案的史实，以及史学家公认的某些推测。

大屠杀的**遇难者**

1792年9月2日被杀的囚徒
总数＝2782

政治犯占比 28%

顽固派教士 16%　　瑞士卫队 5.7%　　其他 6.3%

普通囚徒 **72%**

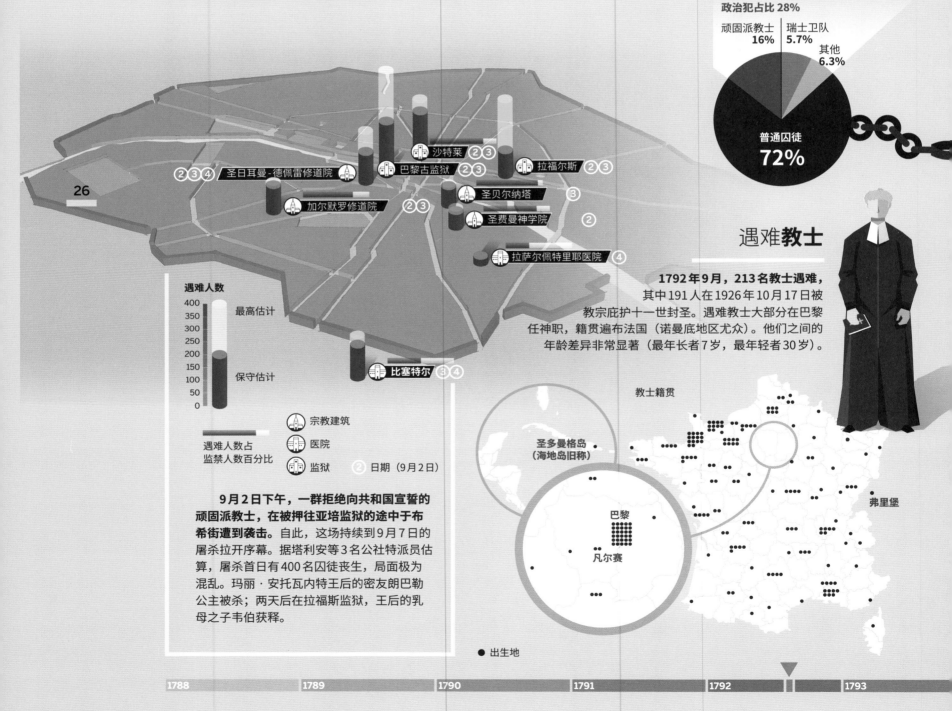

遇难人数
400
350
300
250
200
150
100
50
0
最高估计
保守估计

遇难人数占
监禁人数百分比

宗教建筑
医院
监狱
② 日期（9月2日）

沙特莱 ②③
巴黎古监狱 ②③
圣日耳曼-德佩雷修道院 ②③④
拉福尔斯 ②③
圣贝尔纳塔 ③
加尔默罗修道院 ②③
圣费曼神学院 ②
拉萨尔佩特里耶医院 ④
比塞特尔 ③④

遇难**教士**

1792年9月，213名教士遇难，其中191人在1926年10月17日被教宗庇护十一世封圣。遇难教士大部分在巴黎任神职，籍贯遍布法国（诺曼底地区尤众）。他们之间的年龄差异非常显著（最年长者7岁，最年轻者30岁）。

教士籍贯

圣多曼格岛
（海地岛旧称）

巴黎

凡尔赛

弗里堡

9月2日下午，一群拒绝向共和国宣誓的顽固派教士，在被押往亚培监狱的途中于布希街遭到袭击。自此，这场持续到9月7日的屠杀拉开序幕。据塔利安等3名公社特派员估算，屠杀首日有400名囚徒丧生，局面极为混乱。玛丽·安托瓦内特王后的密友朗巴勒公主被杀；两天后在拉福斯监狱，王后的乳母之子韦伯获释。

● 出生地

26

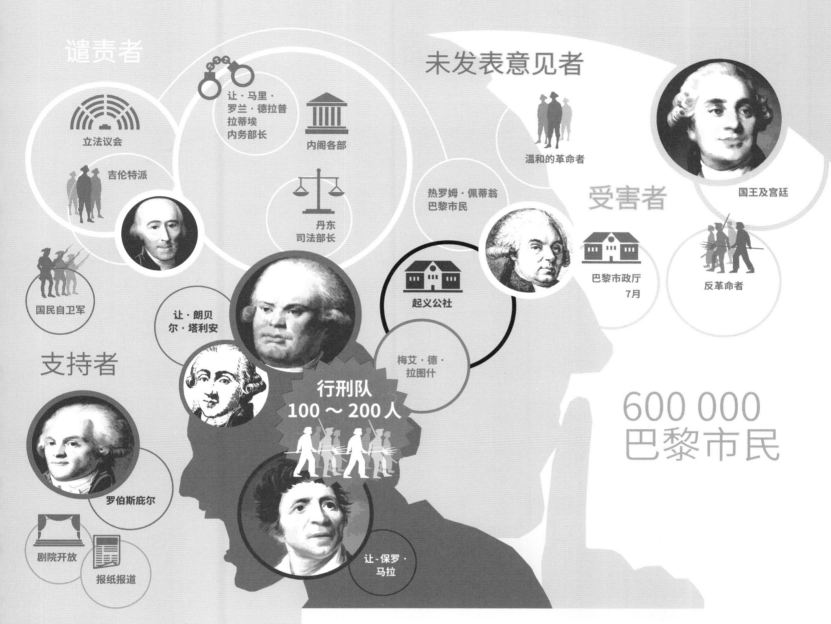

谴责者

立法议会

吉伦特派

国民自卫军

让·马里·罗兰·德拉普拉蒂埃
内务部长

内阁各部

丹东
司法部长

未发表意见者

温和的革命者

国王及宫廷

受害者

热罗姆·佩蒂翁
巴黎市民

巴黎市政厅
7月

反革命者

支持者

罗伯斯庇尔

剧院开放

报纸报道

让·朗贝尔·塔利安

起义公社

梅艾·德·拉图什

行刑队
100～200人

让-保罗·马拉

600 000
巴黎市民

瑞士卫兵的命运

350人被杀
（其中42人死于九月惨案）

175人
下落不明

375人
回到瑞士

300人
加入法军

理论人数
1 500人

1792年实际人数
1 200人

震耳欲聋的**沉默**

　　数百人参与了屠杀。当时人们普遍相信敌军必将攻占巴黎、杀人放火。屠杀行动无疑加剧了巴黎市民对此的恐慌心理。数周以来，马拉一直呼吁民众通过屠杀来恐吓反对派，而9月前已有数名国王的近臣被处死。巴黎紧闭的城门，丹东对政敌抄家的许可，都为屠杀创造了条件。起义公社及丹东的两位密友（塔利安和梅艾）均为屠杀辩护。另一方，佩蒂翁的巴黎市政厅和他的吉伦特派战友（包括罗兰及当时的议员）在9月4日之前，均拒绝表明立场。那时，罗伯斯庇尔正在组织国民公会巴黎代表的选举活动，直到11月才站出来支持屠杀。惨案发生的同时，各大报纸媒体将杀戮称作"必然"，所有剧院也都照常开放。不过，到9月5日之后舆情突变，屠杀被视作"无法容忍之举"，一些刽子手被捕，塔利安和梅艾则设法隐藏自己曾扮演的角色。

外省的屠杀及前线的胜利

外省屠杀的**时间和强度**

　　将巴黎爆发的屠杀惨案置于当时的时代背景下便能理解其起因：大小流血冲突遍布法国全境；多支敌军压境，法军仅逼退了南线撒丁王国的军队。

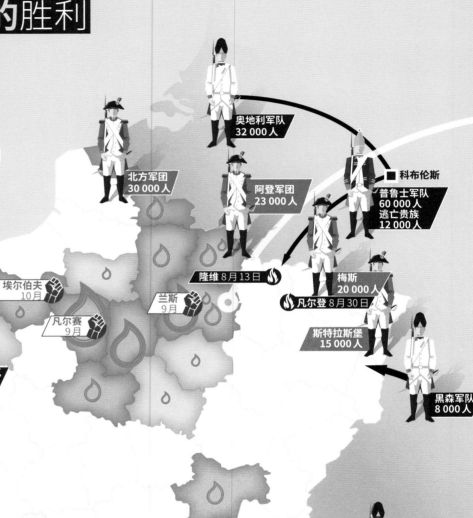

奥地利军队
32 000人

北方军团
30 000人

阿登军团
23 000人

■ 科布伦斯

普鲁士军队
60 000人
逃亡贵族
12 000人

梅斯
20 000人

凡尔登 8月30日

斯特拉斯堡
15 000人

黑森军队
8 000人

隆维 8月13日

埃尔伯夫
10月

拉尼永-蓬里厄
8月

圣布里厄
7月

兰斯
9月

凡尔赛
9月

卡海克斯
8月

富埃南
7月

圣旺-德图瓦
7月

布雷叙尔
8月

圣巴伯济约
7月

桑特
7月

蒂勒
7月

芒德
7月

雅莱斯
7月

圣阿夫里克
7月—8月

阿莱斯
7月

马诺斯克-阿普特
7月—8月—9月

萨瓦 夏季

撒丁
及皮埃蒙特军队

福瓦帕米耶-米尔普瓦
9月

巴斯蒂亚
9月

被杀的反革命派人数（受害者人数）

+30
15-20
12人左右
4-6
1-2

时间
（1792年7月—10月）

7月12日—8月10日
8月15日—29日
9月2日—16日

 反革命暴动

 镇压反革命

 农民暴动，
烧毁城堡

反法联军进攻

　　法国多地爆发反革命暴动，某些暴动甚至互相合作策应，不满情绪开始在农村蔓延。镇压行动通常由革命激进派主导，他们手段残酷，在许多省份执行大量死刑和屠杀判决。这就是1792年的政治氛围。

28

1788　　1789　　1790　　1791　　1792　　1793

弗朗索瓦·克里斯托夫·克勒曼，
战役的胜利者，1735—1820
拿破仑时期的法国元帅，波旁
王朝复辟后，被路易十八封
为法国贵族。

伯农维尔，1752—1821
与山岳派关系密切，后任内阁
部长。复辟之后受封为元帅。

西蒙·迪普莱，1774—1827
在战斗中失去一条腿。因其父迪
普莱木匠为罗伯斯庇尔提供居所，
他得以成为后者的秘书。

**路易·菲利普，奥尔
良公爵，1773—1850**
未来的国王路易·菲利普一世。

**卡尔·威廉·费迪南德，
不伦瑞克公爵，**
沃尔芬比特尔亲王
1735—1806

**夏尔·弗朗索瓦·迪穆里
埃，1739—1823**
与吉伦特派关系密切，
1793年4月投向奥地利。

瓦尔密战役，
1792年9月20日

6：00 清晨，普鲁士骑兵向瓦尔密高地进军，在炮兵阵地周围发现法军一部。余部未被发现。

13：00 普鲁士军队分为三个方队，推进到距法军阵地一千米处。法军岿然不动，但未贸然开火，两军持续互相炮击。法军也分成三个方队，准备在克勒曼将军的率领下冲锋。炮战愈演愈烈，普军被迫撤退。据估算，法军发射了近20 000枚炮弹。

14：00 瓦尔密高地山脚处，法军弹药库爆炸，法军两团被迫后撤。普军挺进400米，遭到法军抵抗及炮击后停止前进。战斗持续了整个下午。

20：00 晚间，两军各自进入驻地。普军驻扎至30日，再经阿戈讷地区转移。

29

使**共和国合法**的战争

9月20日，由于出色的指挥及士兵的勇气，法军成功抵御了普鲁士和奥地利联军的进攻。此前，不伦瑞克公爵一度率联军高歌猛进，逼近巴黎。法军统帅迪穆里埃从后方包抄，切断其补给线，迫使其向东撤退。因此，瓦尔密高地上驻扎的法军，便直面了来自西方的敌军。

此前的联军势如破竹，法军节节败退。而这次，普鲁士人没有获得预期的大胜。经过一整天的炮战之后，联军见法军阵地岿然不动，担心遭到来自巴黎方向的军队夹击，决定放弃战斗。此外也有人认为，这次撤军可能出自敌军的谋略。

无论如何，这场战争的胜利具有象征性意义，这一点在当时至关重要。9月22日，胜利的消息传到巴黎。前一日，国民公会开幕，共和国刚刚诞生，人们自然将战役的胜利归因于国民团结一心的后果。即使瓦尔密的法军与普鲁士人所说的"巴黎贱民"毫无关系，人们还是轻易忘却了九月惨案。不过，由于法军当时的几位主要统帅后来被视作吉伦特派或公然投敌，瓦尔密战役也很快被人遗忘。1830年，曾参加战斗的路易·菲利普一世登基，1792年的瓦尔密战役才重获殊荣，回到人们的视野中。此后，瓦尔密战役便成为共和派的纪念日。

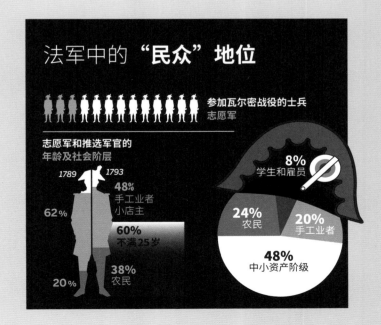

法军中的"民众"地位

参加瓦尔密战役的士兵
志愿军

志愿军和推选军官的
年龄及社会阶层

1789 *1793*

62%

20%

48%
手工业者
小店主

60%
不满25岁

38%
农民

8%
学生和雇员

24%
农民

20%
手工业者

48%
中小资产阶级

国王、王后和大革命

一个关键的转折点

1793年1月21日，国王被斩首。这一事件是法国革命史，乃至整部法国历史的重要转折。与许多人的断言相反，国王的死，时人都始料不及。1792年8月10日，立法议会的议员为国王及其家人提供了庇护，直至决定命运的一天到来。他们本打算将国王安置到卢森堡宫。

与其说是雅各宾派，倒不如说是无套裤汉将国王关进了条件恶劣又老旧的坦普尔堡。无套裤汉要求立即处死路易十六，却未获准，于是便要求对其进行公审。

公审持续了近两个月。审判实际由雅各宾派负责，该派的代表人物马拉素以敌视国王著称，而此时的罗伯斯庇尔已坚定地站到了无套裤汉这一边。国民公会的代表成为裁决者。虽然来自街头民众的压力巨大，但一直没有判决。

议会几乎一致同意判定国王有罪，然而部分代表只是打算以此作为与敌国君主谈判的筹码，另一些人则反对处死国王。事实上，有一半的代表不同意判处国王死刑。同意死刑的代表包括雅各宾派的所有成员、大部分平原派，以及30多名吉伦特派。出人意料的是丹东曾在最后关头强烈要求执行这一决定，其原因至今未明。死刑充分调动了公社及无套裤汉的积极性。1月21日，他们动员了80 000～120 000人来维持巴黎的秩序。除了一次微不足道的营救国王行动之外，整座城市十分平静。围绕断头台的庆祝游行，被限制在革命广场（今协和广场）范围之内进行。遗体很快在玛德莱纳公墓下葬，整个过程也很顺利，没有一位议员亲临现场。国民公会仅给了一位公社负责人极短的时间，听取其相关报告。

斗争大事记

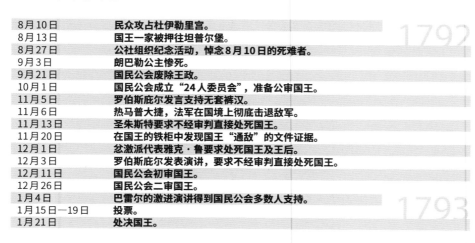

8月10日	民众攻占杜伊勒里宫。
8月13日	国王一家被押往坦普尔堡。
8月27日	公社组织纪念活动，悼念8月10日的死难者。
9月3日	朗巴勒公主惨死。
9月21日	国民公会废除王政。
10月1日	国民公会成立"24人委员会"，准备公审国王。
11月5日	罗伯斯庇尔发言支持无套裤汉。
11月6日	热马普大捷，法军在国境上彻底击退敌军。
11月13日	圣朱斯特要求不经审判直接处死国王。
11月20日	在国王的铁柜中发现国王"通敌"的文件证据。
12月1日	忿激派代表雅克·鲁要求处死国王及王后。
12月3日	罗伯斯庇尔发表演讲，要求不经审判直接处死国王。
12月11日	国民公会初审国王。
12月26日	国民公会二审国王。
1月4日	巴雷尔的激进演讲得到国民公会多数人支持。
1月15日—19日	投票。
1月21日	处决国王。

1792

1793

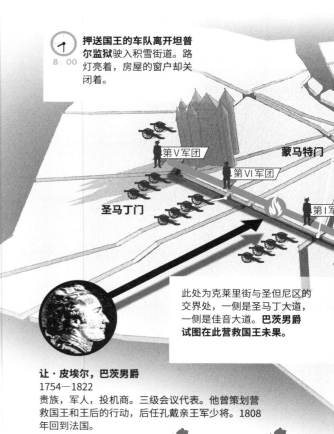

押送国王的车队离开坦普尔监狱驶入积雪街道。路灯亮着，房屋的窗户却关闭着。

8：00

第V军团

第VI军团

圣马丁门

蒙马特门

第I军

此处为克莱里街与圣但尼区的交界处，一侧是圣马丁大道，一侧是佳音大道。**巴茨男爵试图在此营救国王未果。**

让·皮埃尔，巴茨男爵
1754—1822
贵族，军人，投机商。三级会议代表。他曾策划营救国王和王后的行动，后任孔戴亲王军少将。1808年回到法国。

审判过程
和投票过程

1793年1月15日
路易十六涉嫌阴谋
反对国民自由，
危害国家安全，
是否属实？

几乎一致同意
是

| 1789 | 1790 | 1791 | 1792 | 1793 |

塞纳河左岸

车队到达革命广场
（今协和广场）。

10：00

第Ⅱ军团   第Ⅳ军团

圣奥诺雷门

塞纳河右岸

N

1793年1月21日，
从坦普尔监狱到断头台

1793年行刑车队途经的"大道"，与今日的面貌截然不同，它们全无规划，更像是一些较为宽阔的巷道，如今仅在外省偶然得见。"暴君"乘坐的马车在杂乱无章的房屋间行进，不时意外地经过某条"大道"，马车便在这冬日剥落树木的黑色剪影中穿行。

100名骑警开路。随后是12名鼓手，马车之后跟着100名骑马的国民自卫军。1 200名公社成员处于队伍外围。巴黎各区均接到命令，全城组建预备队，以备不时之需。巴黎架设约300门火炮。正午之前共调动至少80 000人，用来封控塞纳河右岸区域。

国民公会
对路易十六的判决结果，是否需要
各初级选举委员会的民众
审核通过？

281
424
否

1月16日 路易十六会受到什么惩罚？

387
无条件执行死刑
26人提出延期执行死刑

总人数 **721**

334
有条件执行死刑
监禁或放逐
44人要求为死刑增加缓期
290人投票支持死刑以外的判决

190人 监禁至战争结束
27人 终身监禁
63人 有具体条件的监禁
2人 打为奴隶
5人 立即剥夺国籍
3人 放逐

1月19日
判决是否延期执行？

310
380
否

处于斗争中心的**王室**

1792 | 1793 | 1794

| 5月 | 6月 | 7月 | 8月 | 9月 | 10月 | 11月 | 12月 | 1月 | 2月 | 3月 | 4月 | 5月 | 6月 | 7月 | 8月 | 9月 | 10月 | 11月 | 12月 | 1月 | 2月 | 3月 |

8月10日
杜伊勒里宫被占，君主制垮台。建立由无套裤汉和雅各宾派主导的公社。斐扬派退出政治舞台，逃亡或隐匿。

8月13日
国王一家被关进坦普尔监狱。

10月
雅各宾派清除吉伦特派。

9月21日
国民公会宣布成立共和国。

1月21日
国王被处死。

8月1日
巴雷尔发表演讲，呼吁将玛丽·安托瓦内特王后送上革命法庭，并摧毁圣但尼教堂内的历任国王陵墓。

8月6日—8日
圣但尼教堂内的历任国王陵墓遭到破坏。

8月10日
推翻君主制的周年纪念活动，焚烧带有王室纹章的饰物。

9月5日
镇压忿激派，雅克·鲁被捕。

10月31日
处决6月被捕的吉伦特派。

10月12日—25日
圣但尼教堂内的历任国王陵墓被毁。

控制旺代局势。

3月24日
处决无套裤汉领袖雅克·勒内·埃贝尔等人。

忿激派

无套裤汉

雅各宾派

斐扬派

反革命派

国民公会

山岳派

平原派

吉伦特派

雅克·鲁
1752—1794

雅克·勒内·埃贝尔
1757—1794

乔治·雅克·丹东
1759—1794

10月16日
处决玛丽·安托瓦内特。

国王之死并非君主制的绝对终结。年仅8岁的小王储成为许多人心目中的"路易十七"。他的母亲和姑母伊丽莎白夫人，此时与他的姐姐玛丽·泰蕾兹一起被关押在坦普尔监狱之中。她们无疑坚信于此。保王党当然也不例外。至于流亡的贵族和亲王，无论是否心甘情愿，也乐于承认小路易的地位。因此，几个月之后的旺代叛军，就以路易十七之名印制了纸币。

很快，无套裤汉斗争的矛头便指向了玛丽·安托瓦内特。其中，记者埃贝尔尤其活跃，此时他已成为公社的检察官。这位出身奥地利皇室的王后，素以反革命的立场和挥霍无度的生活，为千夫所指。1793年8月2日，她被控叛国，转入巴黎古监狱，准备在革命法庭受审。埃贝尔提出公诉，在原有罪名上，又增加了"与子乱伦"的罪状。1793年10月16日，王后被处决。行刑当日，一辆毫无遮蔽的囚车在一队士兵的押送下，将她送往断头台所在的革命广场。同行的有一位向共和国宣过誓的神父、一名刽子手及其助手。王后遭到一路的羞辱和谩骂。

| 1789 | 1790 | 1791 | 1792 | 1793 |

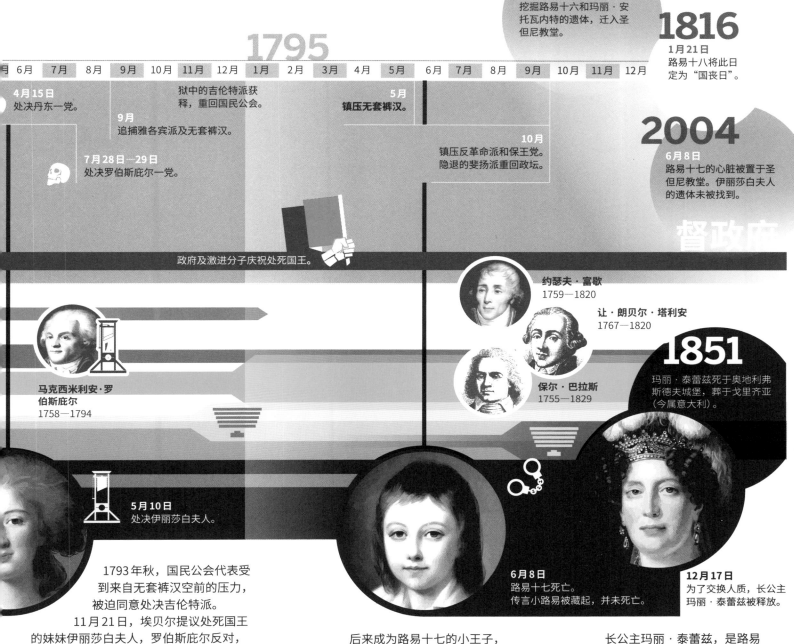

1815

1月21日
挖掘路易十六和玛丽·安托瓦内特的遗体，迁入圣但尼教堂。

1816

1月21日
路易十八将此日定为"国丧日"。

2004

6月8日
路易十七的心脏被置于圣但尼教堂。伊丽莎白夫人的遗体未被找到。

1795

6月 7月 8月 9月 10月 11月 12月 1月 2月 3月 4月 5月 6月 7月 8月 9月 10月 11月 12月

4月15日
处决丹东一党。

狱中的吉伦特派获释，重回国民公会。

5月
镇压无套裤汉。

9月
追捕雅各宾派及无套裤汉。

7月28日—29日
处决罗伯斯庇尔一党。

10月
镇压反革命派和保王党。
隐退的斐扬派重回政坛。

政府及激进分子庆祝处死国王。

约瑟夫·富歇
1759—1820

让·朗贝尔·塔利安
1767—1820

保尔·巴拉斯
1755—1829

马克西米利安·罗伯斯庇尔
1758—1794

督政府

1851

玛丽·泰蕾兹死于奥地利弗斯德夫城堡，葬于戈里齐亚（今属意大利）。

5月10日
处决伊丽莎白夫人。

6月8日
路易十七死亡。
传言小路易被藏起，并未死亡。

12月17日
为了交换人质，长公主玛丽·泰蕾兹被释放。

1793年秋，国民公会代表受到来自无套裤汉空前的压力，被迫同意处决吉伦特派。

11月21日，埃贝尔提议处死国王的妹妹伊丽莎白夫人，罗伯斯庇尔反对，认为该判决无益于革命。然而次年5月，在无套裤汉全面丧失权力之后，国民公会却将伊丽莎白送上了革命法庭。1794年5月10日，伊丽莎白死在断头台上。此时，罗伯斯庇尔的权威在国民公会内部受到挑战，他也不再干预此事。伊丽莎白夫人同其他被当天处死的死囚一样，双手被绑着押往革命广场。

后来成为路易十七的小王子，自1793年8月13日起一直处于监禁状态，直至1795年6月8日宣布死亡。1793年7月1日，人们将他从他的母亲身边带走。他的生活条件极为恶劣，直到1794年7月28日才有所好转。然而，为时已晚。他病情恶化，10岁早天。不久后，质疑其死亡的传言四起。多名男孩被认作路易十七。

长公主玛丽·泰蕾兹，是路易十六与玛丽·安托瓦内特的长女。她在坦普尔监狱被关押至1795年12月17日。在她17岁生日的前夕，政府用她当人质，交换数名被羁押于奥地利的法国囚犯。当年发生的热月政变，为这一人质交换事件创造了条件。后来，她嫁给了查理十世的长子，流亡20年之后回到法国，直至再度流亡。1851年，玛丽·泰蕾兹死于奥地利。

33

第二章

天翻地覆

1789年10月，女性的爆发

往返巴黎—凡尔赛

1789年10月5日至6日，巴黎妇女步行前往凡尔赛请愿。在法国革命的十年中，这是最著名的一次妇女参与的政治运动，就其重要性而言，也可谓空前绝后。当时，来自圣安托万区和巴黎各菜市场的妇女强烈要求面包降价，且巴黎菜市场的女性商贩拥有自己的行会，她们向来组织有素，并享有直接质询国王的权利。巴黎的示威游行队伍所到之处，不断有女性加入进来，尤以罗亚尔宫一带为众。其中估计还有数百名男扮女装的男性混迹在队伍之中。男扮女装这一现象并不奇怪，因为镇压民众骚乱时，女性往往能够全身而退。因此，男扮女装有可能帮助男性躲避军警的攻击。

总之，这次事件充满了各种复杂的政治算计。国王相信妇女请愿是为了逼迫他让位，实现其表兄奥尔良公爵的野心。奥尔良党一直呼吁公爵担任摄政王及王国军队的统帅，国王难免心生猜疑。此外，国民自卫军渴望社会革命，怀疑自己的指挥官拉费耶特。而且民众普遍仇视王后，人们从各方面指责她，批判她挥舞反革命派的黑色帽徽；指控她10月1日纵容弗朗德尔军团践踏象征革命的三色帽徽，并接受军团的欢呼。

凡尔赛的请愿游行是一场复杂的政治运动。运动在10月6日清晨达到高潮，数百名女性和男性攻入凡尔赛宫，威胁到王后的生命，并杀死两名卫兵。王后被迫走上大理石庭院的阳台，受人们辱骂。路易十六同意离开凡尔赛宫，承认了《人权宣言》，好歹保住了国王的权威。不久，奥尔良公爵被派遣出使，离开法国。无论如何，妇女因引起骚乱而饱受指责。官方展开司法调查，"奥杜女王"被捕。10月的游行示威，反而使女性的地位开始边缘化。

9月27日
谣言流传保守派发动政变，国王逃亡梅斯。

10月1日
弗朗德尔军团到达凡尔赛宫。据传，他们在宴会上挥舞黑色帽徽，践踏象征革命的三色帽徽。

巴黎

王室成员在30 000名武装人员的簇拥下出发前往巴黎，队伍最前列是两个卫兵头目和一个身穿制服、用刺刀尖挑着一个足有6磅重面包的人。

在凡尔赛，一名男孩手拿着一个被斩下的头颅。国民自卫军出动，枪炮连发，控制住了局面。

在凡尔赛，王后被迫现身于大理石庭院的阳台上，遭到人们羞辱。此时，奥尔良公爵四处招摇，帽上别着红、白、蓝三色的大帽徽。卫队指挥部遭到劫掠。

10月6日

据说，一位双手勒黑的矮小男性带领着近200名女性高喊着"杀掉，杀掉，绝不宽恕""杀死那位荡妇""炸了她的内脏"闯入王宫，一名工人头部遇袭，当场毙命。一个留有胡子的大汉，持斧砍下了两名国王卫兵（瓦利古尔和戴居特）的头颅。围观者对卫兵拳打脚踢，用双手沾上他们的鲜血，涂抹在自己脸上。

安娜·泰尔瓦涅·戴洛瓦涅·德·梅丽古尔
1762—1817
经过一段动荡的青年时代之后，她热情地投入法国大革命中。她喜欢打扮成神话传说中的女战士，身着红衣，斜插黑色帽翎。1792年之后，因为表现过于温和，她遭到激进派女性的羞辱和毒打，自此精神失常，郁郁而终。

路易丝·勒迪克，"奥杜女王"
？—1793
对这位活跃于1789年的女性，人们知之甚少。1790年，她被投入监狱；1792年，参与攻占杜伊勒里宫的革命行动。

🕕 6:30 一些涂脂抹粉的年轻女性穿戴齐整，聚集于圣安托万区。

🕘 9:30 格列夫广场（今巴黎市政厅广场），国民自卫军的部分掷弹兵打算逼迫拉费耶特前往凡尔赛。

🕙 10:00 圣奥诺雷街，妇女咒骂着安托瓦内特王后，准备前往凡尔赛。一名衣着光鲜的女人，挎着金银丝嵌花的连发步枪，为大家提供饮用水。凡尔赛方面已获知巴黎骚乱的消息。议员就10月1日的宴会事件展开辩论，并要求国王批准《人权宣言》。

🕚 11:00 巴黎警钟长鸣。数百名妇女（和男子）进入市政厅，随后向凡尔赛进发。不少偶遇游行队伍的女性被他们拖进行列中，男性则大多被拒绝。马亚尔作为"巴士底狱的攻占者"倒是个例外。队伍强行穿过杜伊勒里宫，打伤了一名试图阻止他们的瑞士卫兵。

🕛 12:00 在十面军鼓的敲击声中，5 000～6 000名女性排成3列，多门大炮紧随其后。在塞夫勒镇，家家户户大门紧闭。马亚尔设法弄到了一些面包。紧张局势升温，尤其针对一些被指为"贵族"的邮差或旅人。在维罗夫莱，人们袭击了几位头戴黑色帽徽的骑士。在凡尔赛，人们已经获悉大批女性和女商贩即将到达。国王前往默东打猎。

10月5日

女性队伍

斯坦尼斯瓦夫斯·马里·马亚尔
1763—1794

1789年7月14日，他在攻占巴士底狱时脱颖而出。10月5日在凡尔赛宫，他被视作请愿妇女的代言人。此后，马亚尔担任国民自卫军军官，在1792年的九月惨案中充任"法官"角色。1794年病逝。

拉费耶特

🕑 14:00 凡尔赛，弗朗德尔军团布防于国王马厩的庭院，准备作战；320名骑兵卫队布防于宫城广场。国王自猎场赶回，命令部队不得轻举妄动。

凡尔赛

🕓 16:00 妇女抵达凡尔赛宫，很快与卫队发生冲突。

🕕 18:00 约15名女性进入议会。马亚尔担任她们的代言人。议会门外，一名卫兵重伤而死。国王批准接见由7名女性组成的代表团。代表团中，人称"路易松女士"的路易丝·沙布里年方17，是从事雕塑生产的女工。国王见她在觐见时身体不适，便让人用金杯盛上红酒端给她。随后，人们指责路易松被国王收买，威胁要将她送上绞架。路易松很快返回巴黎。国王下诏，承认《人权宣言》，保证巴黎的食品供应。

凡尔赛：警钟长鸣，人们在街头攻击国王卫队。制宪会休会，800～900人直接睡在议事大厅。

巴黎：妇女返回巴黎，一小时之后马亚尔返回。公布国王的敕令。巴黎市政厅的人员直到清晨6点才入眠。

🕖 19:00 在凡尔赛，人们杀死了国王卫队的一匹骏马，烤熟后分而食之。点燃了两门大炮的引信，向国王卫队开火，又击毙了几匹马。约150名女性乘坐王室的马车返回巴黎。

🕗 20:00 在凡尔赛的大雨中，国王卫队遭遇更为密集的火力攻击。卫队没有回击，防止攻击者以此为借口，入侵城堡。

🕤 22:00 米拉博出面控制乱局，在制宪会中重启辩论。游行的妇女扬言要"扭断王后的脖子"，将某些议员送上绞架。

🕛 0:00 拉费耶特率领20 000名国民自卫军抵达凡尔赛。

公共空间中的女性

社会地位

让娜·贝屈
杜巴利伯爵夫人
1743—1793

**王后
显贵**

**贵族
大资产阶级**

中小资产阶级

女修道院长

女艺术家
女文学家
女画家

女船东

男性空间

1789 年以前，男女性别差异的鸿沟，要小于贵族与平民之间的社会等级、权力和特权的差异。此时，叶卡捷琳娜二世统治着俄国，玛利亚·特蕾莎在奥地利的统治才结束不久。法国王后并没有神圣不可侵犯的地位，也不像路易十五的情妇蓬帕杜夫人一般精于政事。令人惊讶的是，一些兼有修士与修女的修道院（如丰特弗罗修道院），竟也由出身贵族的女修道院院长管理。某些女性团体，如圣马洛的少数女船东和巴黎菜市场的女性商贩，甚至包括一些工场主的遗孀，都实实在在地享有部分自主权。

寡妇

女性
家族长

菜场女商贩

寡妇有可能获得家族长的地位。在一些大城市，上层社会的女性完全可以享受自在的生活，发挥社会作用。当然不能否认，女知识分子和女艺术家在自己的职业道路上，仍存在诸多障碍。

巴黎菜市场上的女商贩常常被人们误作穷人。事实上，她们拥有自己的行会组织，有权直接求见国王。1789 年 10 月 5 日至 6 日的事件就充分展现了她们的政治实力，不过她们笃信天主教，与其他女性革命群众渐行渐远。这一点在 1793 年尤为明显。

布列塔尼
女性

根据布列塔尼的传统，这些外省女性在日常生活及宗教事务方面拥有更多发言权。比如，她们支持怀孕女性享有休息的权利。

**商人
和手工业者**

农民

这些分类中没有统计最贫穷的平民和仆人，当然还有殖民地的奴隶，但这些群体中的男性命运却几乎没有什么不同。矛盾的是，进入宫廷的妓女却摆脱了她们原有的命运。

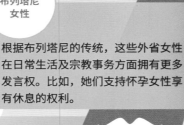

妓女

1789 年以前，巴黎聚集了约 30 000 名妓女，在欧洲各国首都中位居首位。别忘了，1785 年的项链事件中，就有年轻妓女奥利娃的身影。

女服务员

佣人

街头女商贩

女性空间

社会经济地位

奴隶

| 1788 | 1789 | 1790 | 1791 | 1792 | 1793 |

从政治生活中消失的女性

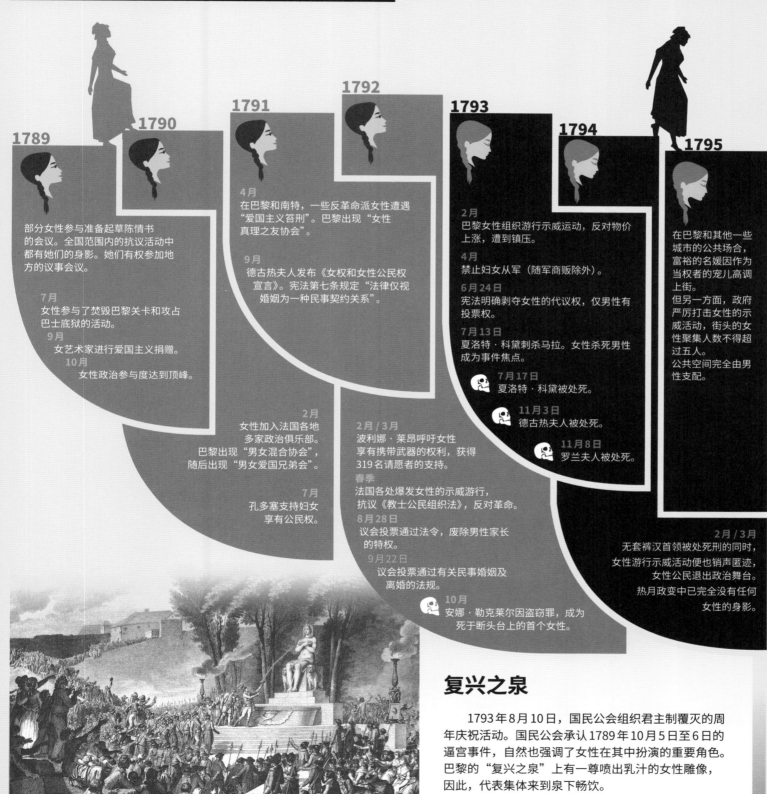

1789

部分女性参与准备起草陈情书的会议。全国范围内的抗议活动中都有她们的身影。她们有权参加地方的议事会议。

7月
女性参与了焚毁巴黎关卡和攻占巴士底狱的活动。

9月
女艺术家进行爱国主义捐赠。

10月
女性政治参与度达到顶峰。

1790

2月
女性加入法国各地多家政治俱乐部。巴黎出现"男女混合协会"，随后出现"男女爱国兄弟会"。

7月
孔多塞支持妇女享有公民权。

1791

4月
在巴黎和南特，一些反革命派女性遭遇"爱国主义笞刑"。巴黎出现"女性真理之友协会"。

9月
德古热夫人发布《女权和女性公民权宣言》。宪法第七条规定"法律仅视婚姻为一种民事契约关系"。

1792

2月 / 3月
波利娜·莱昂呼吁女性享有携带武器的权利，获得319名请愿者的支持。

春季
法国各处爆发女性的示威游行，抗议《教士公民组织法》，反对革命。

8月28日
议会投票通过法令，废除男性家长的特权。

9月22日
议会投票通过有关民事婚姻及离婚的法规。

10月
安娜·勒克莱尔因盗窃罪，成为死于断头台上的首个女性。

1793

2月
巴黎女性组织游行示威运动，反对物价上涨，遭到镇压。

4月
禁止妇女从军（随军商贩除外）。

6月24日
宪法明确剥夺女性的代议权，仅男性有投票权。

7月13日
夏洛特·科黛刺杀马拉。女性杀死男性成为事件焦点。

7月17日
夏洛特·科黛被处死。

11月3日
德古热夫人被处死。

11月8日
罗兰夫人被处死。

1794

1795

在巴黎和其他一些城市的公共场合，富裕的名媛因作为当权者的宠儿高调上街。
但另一方面，政府严厉打击女性的示威活动，街头的女性聚集人数不得超过五人。
公共空间完全由男性支配。

2月 / 3月
无套裤汉首领被处死刑的同时，女性游行示威活动便也销声匿迹，女性公民退出政治舞台。热月政变中已完全没有任何女性的身影。

复兴之泉

1793年8月10日，国民公会组织君主制覆灭的周年庆祝活动。国民公会承认1789年10月5日至6日的逼宫事件，自然也强调了女性在其中扮演的重要角色。巴黎的"复兴之泉"上有一尊喷出乳汁的女性雕像，因此，代表集体来到泉下畅饮。

39

4 | 1795 | 1796 | 1797 | 1798 | 1799

女性的**地位**

在高度简化的历史图景中，革命时期各女性团体的发展历程和斗争有两大背景需要注意：首先，任何女性均无选举权；其次，宫廷出身的贵妇一直被追捕，被屏蔽于政治生活之外。女性在其他团体中的地位逐年变化。革命最初几年，一切改变似有可能；而随后，最为激进的女性渐渐被逐出政治舞台。

整整十年，女性始终未享有**任何选举权。**

"被接受"的女性
- 被公认的女性
- 参与政治的女性

- 被控制的女性
- 有嫌疑及被追捕的女性
- 被判刑的女性
- 被排斥的女性

玛丽·古兹，奥布里遗孀，德古热夫人
1748—1793
女权主义者先驱，作家。除《女权和女性公民权宣言》外，她还留下了大量呼吁维护女性权益和废除奴隶制的著作。1793年，由于抨击山岳派走上专制的歧途，她被送上断头台。

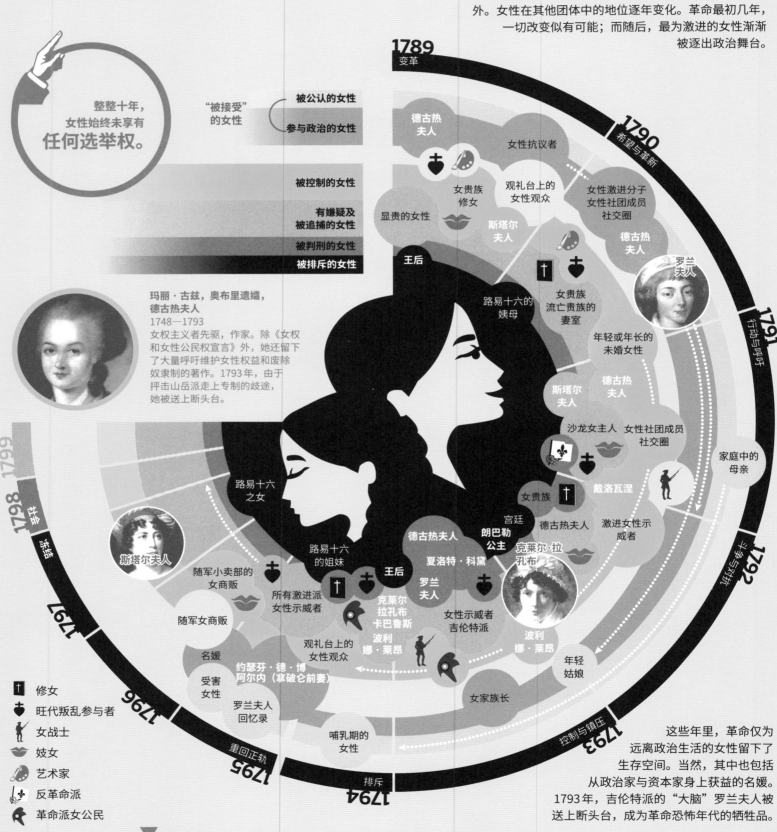

这些年里，革命仅为远离政治生活的女性留下了生存空间。当然，其中也包括从政治家与资本家身上获益的名媛。1793年，吉伦特派的"大脑"罗兰夫人被送上断头台，成为革命恐怖年代的牺牲品。

图例：
- † 修女
- ♥ 旺代叛乱参与者
- 🗡 女战士
- 👄 妓女
- 🎨 艺术家
- 反革命派
- 革命派女公民

时间轴：1788　1789　1790　1791　1792　1793

被动员的女性
——以布列塔尼地区为例

妇女参与革命是当时的普遍现象，不仅限于大城市和革命俱乐部，也不仅限于革命阵营中的无套裤汉，以及反革命阵营中的贵族。她们参与游行示威、参与暴动骚乱、参与战斗，不少人甚至献出了生命。然而，她们的历史地位总是藏在男性的身影之后。此外，19 世纪时，有一些当地人还在"女烈士"的墓前竖起了纪念碑，甚至形成了崇拜，这表明女性在当时产生了重要的影响。不过，由于没有足够的资料来源来提供准确的信息，我们列举的数字仅限于少数案例，仅做参考。

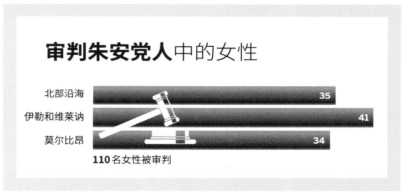

审判朱安党人中的女性

北部沿海	35
伊勒和维莱讷	41
莫尔比昂	34

110 名女性被审判

被审判女性的社会形象

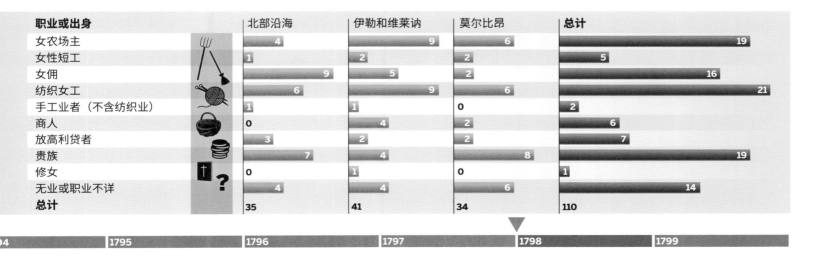

职业或出身		北部沿海	伊勒和维莱讷	莫尔比昂	总计
女农场主		4	9	6	19
女性短工		1	2	2	5
女佣		9	5	2	16
纺织女工		6	9	6	21
手工业者（不含纺织业）		1	1	0	2
商人		0	4	2	6
放高利贷者		3	2	2	7
贵族		7	4	8	19
修女		0	1	0	1
无业或职业不详		4	4	6	14
总计		**35**	**41**	**34**	**110**

教会危机
与三级会议

早在 1789 年以前，法国的宗教生活就呈现多元化的特征。虽然天主教确认了法国君主制的合法性，是王国唯一的国教，但是教会并非铁板一块，各种思想流派百家争鸣，在改革问题上相互对立。某些教派希望推动内部的政治变革，令教会"重生"，回到早期的"纯洁教会"。许多教士是共济会成员；不少主教，甚至是红衣主教，本来就以缺乏信仰和荒淫无度而著称。在天主教的边缘地带，还有各种"预言家"和神秘主义者。18 世纪 80 年代后期，新教被认可，虽有限但是合法；而一直处于隐匿状态的少数犹太教徒，也逐渐走上台面。在外省不少地方，与前二三十年相比，人们更加无视教会的训令，投身宗教事业的人数也急剧下降。这是不是"去宗教化的开端"呢？

天主教

教会制定历法，组织宗教节日，影响人们的日常生活。通过调节出生率和婚葬情况，它甚至可以直接干预人们的私生活。教会控制并管理教育与医疗。教堂和十字架，都构成了王国的地标。

10%
的土地归教会所有

每年
2亿～ 2.4亿锂
教会收取的什一税

主教年薪 **58 000** 锂
斯特拉斯堡主教年薪高达 **400 000** 锂

本堂神父的年薪约 **700 ～ 3000** 锂。辅祭年薪 350 锂左右。一名农业工人的年收入大约 **240** 锂

法国教会是法国社会的第一等级，天主教是法兰西王国国教，法国国王被视作上帝在人间的代表，在兰斯加冕。

众多教派

尽管大多数教士和主教都是**高卢主义者**，主张教会在国王的指导下从教皇手里获得自主权，但还是出现了或多或少的改革派思潮。

扬森派

该教派起源于有关"天主恩宠"问题的讨论。18 世纪之后，教派的构成成分变得复杂。他们提倡重读《圣经》，着重诠释《旧约》中的人物。扬森派热衷智识活动，反对民间的宗教迷信，呼吁教会改革，重回早期教会的状态。他们提倡本堂神父（甚至教众）拥有自主权。扬森派报纸《新福音报》发行量达 6 000 份。

神秘主义扬森派

里歇尔派

该派以巴黎一位 17 世纪神学家的名字命名，在本堂神父中有一定威望。他们自视为 72 门徒的后人，敌视主教的权威，主张召开"本堂神父大会"，呼吁教士可以结婚和离婚。

圣心崇拜

始于 17 世纪。这一派系主要集中于城市，支持教皇的绝对权威，由以前耶稣会的一些教士所推动。它推崇建立于感性之上的民间宗教活动。通过祝圣仪式和传教激发民众的情感。其中少数教士在法国西部颇具影响力。

灾变论派

部分信徒在巴黎和里昂开展一些旨在挽救教会的狂热宗教运动。参与者多为女性。

神职人员共计
130 000 ～ 150 000 人。
包括 15 000 名修士，56 000 名修女，60 000 名本堂神父及辅祭，10 000 名司铎。地位尊崇的高级教士（包括主教和修道院的男女院长），共计 10 000 人。

天启派

动物磁气派及梦游派

这些近乎异端的小众派别主要集中于巴黎和里昂。它们用一种混杂了神秘主义和秘传宗教色彩的视角来解读历史。

改革浪潮

宗教慈善组织
支持扬森派改革，有时也支持灾变论派。

宗教慈善组织的成员有教士也有教外人士，他们除了组织慈善事业之外，也组织教育和祈祷活动。在一些秘密组织中，女性人数不少，也占有非常重要的地位。

AA 会
接近耶稣会。

秘密集会

传统宗教信仰

1788 | 1789 | 1790 | 1791 | 1792 | 1793

民众信仰
与学者的信仰

女预言家
苏桑·拉布鲁斯
1747—1821
曾为修女。常出入波旁公爵夫人府上,预言过法国大革命的发生。后至罗马朝圣,在其信徒的环绕中死去。

圣人
路易·马里·格里尼翁·德·蒙福尔
1673—1716
多家修会的创立者。这些修会后来被视作1793年旺代叛乱的主要煽动机构。

治疗者
伯努瓦-约瑟夫·拉布尔
1748—1783
朝圣者,行乞者,行神迹的治疗者。他反对扬森派,支持教皇的绝对权威,被罗马教廷推为基督徒的典范。

无信仰者
艾蒂安·夏尔·德·洛梅尼·德·布列讷
1727—1794
当有人向路易十六推荐布列讷任大主教时,国王叹息道:"巴黎的大主教,最起码还是找个信仰上帝的人当吧!"

荒淫者
路易·勒内·爱德华,红衣主教,罗昂亲王
1734—1803
罗昂富甲一方,生性风流。1785年因卷入项链事件,他被国王放逐到自己的故乡德国。此举倒是在大革命期间救了他一命。

1789年,**大事记**

6月13日　3名普瓦图地区的本堂神父与第三等级代表一起议事。

6月19日　149名教会代表加入第三等级会议。122名代表持反对立场。

7月2日　教士等级事实上不复存在,教会为国家服务。

7月14日　为纪念当日死难的革命者,教会举办了数百场弥撒。

8月4日　教士的收入被取缔,资产需纳税。

法国其他宗教

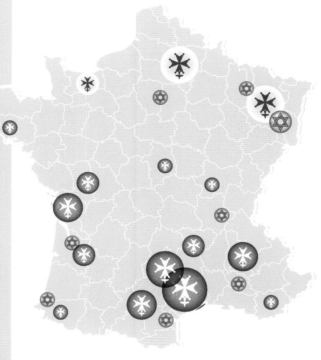

路德宗
200 000 ~ 220 000 人

加尔文宗
400 000 ~ 600 000 人

1685年的国王敕令并未涉及路德宗。路德宗教徒主要集中在农村,但也有少数南方城市的作坊主、金融家和大商人。他们没有受到迫害。与之相反,由于合法地位被取缔,加尔文宗的教徒从1685年至1760年,都深受宗教迫害之苦。1787年国王的宽恕敕令承认了新教徒的合法地位,招致天主教会的不满。在教会辖区的438份陈情书中,有64份反对赋予非天主教徒权利。

犹太教
约40 000 人

法国东部盛行反犹主义,对犹太人征收特别税,因此东部犹太人的状况不清。1789年,所有犹太社区统一提交了一份陈情书。在1789年的大恐慌中,犹太人遭到屠杀。在上阿尔萨斯地区,至少1 000人受伤。

脱离宗教

投身宗教事业的人员减少

神职人员招聘数量
— 25%
1750—1789年

主要修会内部的男性成员人数
14 000人 1768年
9 000人 1790年

1765—1780年
关闭8个修会
2 966家修道院中关闭458家

避孕
或根据教会的说法:"黑暗的秘密"
1770年开始,**至少10%的巴黎家庭**明确采取了避孕手段。和1773—1786年相比,1790—1803年,新生婴儿数与新婚家庭数量在农村下降了15%,城市下降了21%。

三级会议,**教士庄严入场**

　　1789年5月4日,王朝最后一场盛典在凡尔赛拉开序幕,三级会议代表列队游行。会议首日,来自全法的将近1 000名代表聚集于此。第三等级代表人数最多,身着黑衣,披着黑色的外套。除了国王的旗手与驯鹰师之外,所有人均手持蜡烛。在王公贵族的簇拥下,国王身穿金色呢绒的外衣缓缓走来。游行队伍从圣母教堂出发,经过军事广场,最后抵达圣路易教堂。

分裂的法国

　　1986年，米歇尔·伏维尔依照史学界的传统，强调大革命期间的宗教政策"影响至今"。

　　《教士公民组织法》规定，神职人员的身份同国家公务人员一样，由国民选举产生。这一法案造成了天主教会的分裂，仍然忠于教皇的罗马派教会与宣誓忠于国家的教会形成对立局面。此外，它也加剧了反革命派与革命者之间的矛盾，许多村镇爆发了真正意义上的"内战"，两大教会各自的支持者产生冲突。教会的分裂对国家发展走势的影响巨大，是革命期间的重要转折点之一。

1789

怎样的转变？
中立还是世俗化？

8月26日
《人权宣言》中既未提及上帝，也没有说到"最高主宰"。
第十条规定："任何人不应为其意见甚至其宗教观点而遭到干涉，只要他们的表达没有扰乱法律所建立的公共秩序。"

11月2日
教会资产收归国有。

12月24日
所有新教徒成为公民。

1790

加速分裂

1月28日
西南部的犹太人成为公民。

2月13日
禁止修道院和教会的誓愿，关闭少于15名修士或修女的修道院（教育及慈善修会除外）。

5月10日，13日，17日
在蒙托邦和尼姆等地爆发新教徒与天主教徒的暴乱冲突，新教徒死亡90人，天主教徒死亡300人。

7月12日
表决通过《教士公民组织法》，8月20日，国王通过该法案。
7月14日
全国范围内开展联盟节的弥撒活动，几乎没有宗教人士公开反对。

10月30日
除两人外，所有主教公开批判《教士公民组织法》，准备与教皇协商。

> 不热爱共和国的人不是一个好公民，
> 因此也不可能是一个好的教徒。
>
> **格雷古瓦，布卢瓦主教，**
> **1793年3月12日**

分裂的影响
20 世纪

参加复活节弥撒的人数（1955—1965 年）

- 45% 以上
- 15%~45%
- 15% 以下

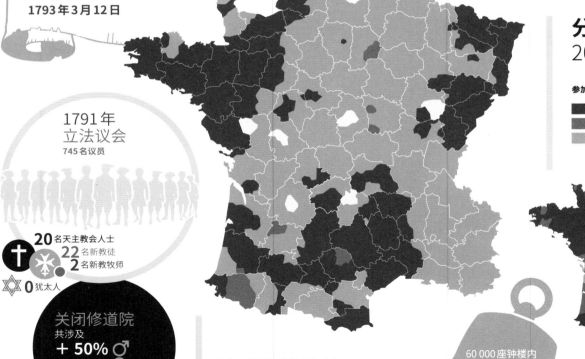

1791年
立法议会

745 名议员

- **20** 名天主教会人士
- **22** 名新教徒
- **2** 名新教牧师
- **0** 犹太人

关闭修道院
共涉及
+ 50% ♂
− 10% ♀

反对改革的地区

教士中反抗派占多数的地区

- 1791年
- 1792年
- 数据缺失

60 000 座钟楼内
100 000 口
大钟被熔铸，
至少产生
50 000 吨
金属。

大钟的沉默

宣誓派教会

教会内部职务由选民选举产生。当选者由主教或大主教授职。主教直接向教廷通知新的任命情况。教士薪水由国家发放。135 个教区裁减到 83 个。一个堂区需涵盖至少 6 000 人口。

主教薪水
12 000 ～ 20 000 锂
本堂神父　1 200 ～ 4 000 锂
辅祭　700 ～ 1 200 锂

1791　　　　**1792**

大分裂

1月起
出现大量针对拒绝向共和国宣誓的教士（反抗派）的骚乱和暴力行动。

3月10日—4月13日
教皇谴责《教士公民组织法》。议会的263名教会代表中，81人向议会宣誓忠于宪法。在全国范围内，宪政派教士比例高达52%～55%。160名主教级高级神职中，仅7人宣誓。

7月11日
伏尔泰的灵柩进入先贤祠。他曾经将犹太人描述为"野蛮、迷信、残忍、无知而悲惨的民族"。

9月27日
所有犹太人成为公民。

11月29日
国王行使否决权，拒绝签署制裁反抗派教士的法令。

全面脱钩

4月6日
禁止穿着宗教服装。

5月
摘除钟楼大钟。

5月27日
法令规定，如20名积极公民联名揭发某反抗派教士"不爱国"，该教士将被流放。国王对法令行使否决权。

8月18日
取缔修女院。
10月，关闭所有修女院。

8月26日
在法国各地，反抗派教士遭到流放或监禁。

9月20日
公民身份登记体系建立。离婚合法化。

在俗教徒的角色

19世纪初期，吉永院长编撰的殉难者名单中的在俗教徒

殉难原因

为教士提供保护	30 / 73
参与地下宗教活动，或与反抗派教士关系密切	39 / 30
极度虔诚（原因各异，有时比较模糊）	31 / 24
死于民众暴力冲突	25 / 17
"共和国敌人"的亲属	9 / 1

教士的流亡

人数

- 10
- 100
- 500
- 800

目的地

- 意大利（教皇国）约13 000
- 英国 10 000
- 瑞士 6 000
- 西班牙 6 000

莫尔贝克 1793
莫尔塞姆 1793
圣旺-德图瓦 1792
瓦讷 1791
桑赛 1793
布雷叙尔 1792
沃罗雷 1793
阿莱斯 1794
伊特克萨苏 1793

天主教徒的暴动
（旺代叛乱和朱安党叛乱之前）

地下天主教活动

皮埃尔·约瑟夫·德·克洛里维埃尔
1735—1820
前耶稣会成员，在巴黎创建了玛利亚之心修女会和圣心学院。

地下婚礼与洗礼
1792—1801年，67个堂区

大西洋岸卢瓦尔	曼恩和卢瓦尔	旺代
1 396 / 3 749	1 186 / 3 474	1 052 / 3 518

一些"反革命"弥撒继续进行，仍有教众礼敬参拜行神迹的圣像。离婚与非法生育的注册数量极少。数以百计的本堂神父隐匿起来。宗教信仰有重新升温之势。

去基督教化

　　1793年秋至1794年夏，少数国民公会特派员和一些无套裤汉团体，进行了各种反教会和去基督教化的尝试。不仅反抗派教士和天主教信徒变成"贵族"，成了"反革命"，就连宪政派的教士也被视作嫌犯——他们与吉伦特派关系密切，无疑加深了嫌疑度。新教徒和犹太人也是这一浪潮的受害者，这也影响了共济会。共济会成员因为属于资产者，同样备受责难。

　　理性崇拜，纪念、破坏和追捕"自由的殉难者"……在法国各地，各项革命行动的开展程度不一，往往取决于特派员的个人意志。1793年12月6日，国民公会终于采取行动。罗伯斯庇尔向来怀疑无神论者，在他的倡议下，议会表决通过了宗教信仰自由的法案，该法案将无神论者等同于嫌疑犯。随后，他推动人们纪念少年烈士巴拉和维亚拉，来取代牺牲的"革命三杰"[1]。最后，还是在罗伯斯庇尔的提议下，国民公会颁布"灵魂不灭"的法规，组织自由与理性节的庆祝活动。围绕宗教问题的争端分裂革命阵营，直至无套裤汉和罗伯斯庇尔先后覆灭。

法国共和历

由诗人法布尔·代格朗汀协助制定，旨在"促进农业体系发展，引导全民重视农业"。新历法于1793年10月正式开始使用，直至1806年1月1日废除。此间仍使用旧历法。

葡月
9月22日/23日/24日
10月21日/22日/23日

雨月
1月20日/21日/22日
2月18日/19日/20日

牧月
5月20日/21日
6月18日/19日

大事记

10月6日
1792年9月22日，开始采用共和历。

10月14日
巴黎游行结束。

11月10日
巴黎圣母院庆祝理性节。

11月23日
关闭所有教堂。

11月
南锡市对犹太人征收重税。特派员指责犹太人"投机倒把"，向其征税5百万锂。犹太人交付3百万。犹太教堂被封，安息日的传统被取缔。

1792年
立法议会
749名议员

36 名新教徒
9 名新教牧师
0 犹太人

干邑地区圣叙尔皮斯的理性节
昔日的教堂如今变成理性殿堂，铺满了青苔。旧圣坛的中央堆起一座15尺的假山，四周装饰了各种植物。人群聚集，公民市长和4位年轻女性公民一起出现在假山之巅。

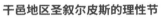

理智节庆祝活动
1793年冬至1794年3月

第一档
第二档
第三档
第四档

去基督教者
约瑟夫·富歇
1759—1820
作为国民公会在涅夫勒省的特派员，他给女儿取名为涅夫勒。1793年9月25日，富歇颁布法令，规定所有在职教士必须结婚，收养一名儿童，或赡养一名贫困的老人。9月6日，他发明了共和国与自然的祭拜仪式。10月10日，他取消了公墓内的宗教标志，并在公墓大门前刻上标语："死亡即长眠"。30日，他拆除十字架，强制推行葬礼世俗化。

去基督教化的**激烈程度**

1789
13 000
居民

50
个宗教场所

600
名教士

1790

主教座堂为节庆提供场所

出售或世俗化

1793

32
个宗教场所毁于无套裤汉之手

主教座堂成为理性殿堂

82
条街道更名

以**沙特尔**为例

1795年，主教座堂恢复宗教活动。此时，**65%的宗教建筑已经被毁，25%的宗教建筑改为民用。**1800年之后，教士仅剩百名左右。

1788　　1789　　1790　　1791　　1792　　1793

[1] 勒佩尔蒂埃、夏利埃和马拉。

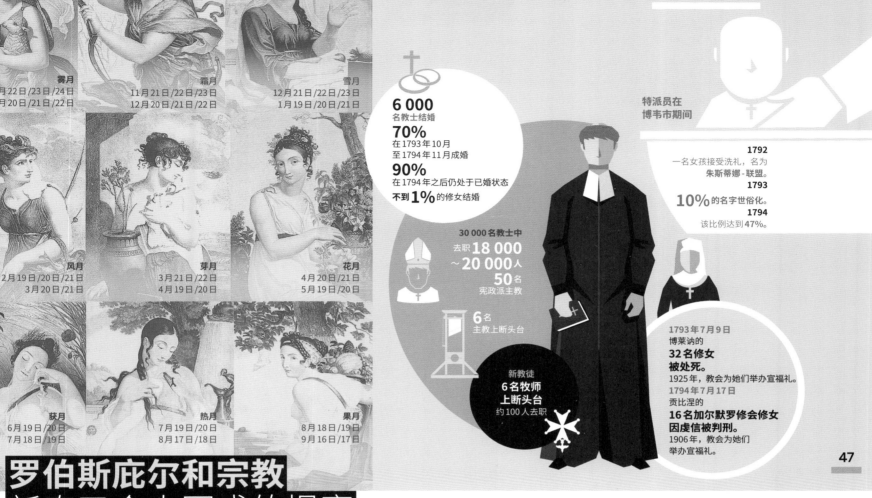

霧月
10月22日/23日/24日
11月20日/21日/22日

霜月
11月21日/22日/23日
12月20日/21日/22日

雪月
12月21日/22日/23日
1月19日/20日/21日

风月
2月19日/20日/21日
3月20日/21日

芽月
3月21日/22日
4月19日/20日

花月
4月20日/21日
5月19日/20日

获月
6月19日/20日
7月18日/19日

热月
7月19日/20日
8月17日/18日

果月
8月18日/19日
9月16日/17日

教会危机与三级会议

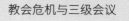

6 000
名教士结婚
70%
在1793年10月
至1794年11月成婚
90%
在1794年之后仍处于已婚状态
不到1%的修女结婚

30 000名教士中
去职 **18 000 ～ 20 000人**
50名 宪政派主教
6名 主教上断头台

新教徒
6名牧师上断头台
约100人去职

特派员在博韦市期间

1792
一名女孩接受洗礼，名为
朱斯蒂娜 - 联盟。
1793
10%的名字世俗化。
1794
该比例达到**47%**。

1793年7月9日
博莱讷的
32名修女被处死。
1925年，教会为她们举办宣福礼。
1794年7月17日
贡比涅的
16名加尔默罗修会修女因虔信被判刑。
1906年，教会为她们举办宣福礼。

47

罗伯斯庇尔和宗教
新奇又令人困惑的提案

最高主宰神的倡导者

马克西米利安·罗伯斯庇尔
1758—1794
1793年12月6日，罗伯斯庇尔颁布法令保护宗教信仰自由，保护了被富歇迫害的里昂革命者。罗伯斯庇尔建议以"共和国殉难者"的名义，纪念巴拉和维亚拉（纪念日原定于热月10日）；随后，他大力鼓吹"最高主宰神"和"灵魂不死论"。罗伯斯庇尔曾列出一个节日清单，其中包括"灾难节"。共和二年花月18日（1794年5月7日）法令规定，每10天设一个节日，节日安排如下：

共和二年，牧月20日的节日
罗伯斯庇尔的巅峰和衰落

节庆活动的参与者和观众总计300 000 ～ 400 000人，
公民宗教的大祭司罗伯斯庇尔亲自主持仪式。然而，
这一行为为人所不齿。

流程安排
参与者在杜伊勒里宫前的圆形广场集合，那里矗立着一座象征着无神论怪兽的金字塔，象征"野心"、"自私"和"伪善"。罗伯斯庇尔身着蓝色礼服，佩戴三色绶带，手持一个由鲜花和麦穗组成的花束，点燃了"无神论"和"自私"。在熊熊火光中，智慧女神的塑像破茧而出。随后，罗伯斯庇尔以国民公会主席的身份，率领议员与整支游行队伍走到马尔斯校场。人群高唱着由革命诗人泰奥多尔·德索格作词、高赛克作曲的《最高主宰颂》。

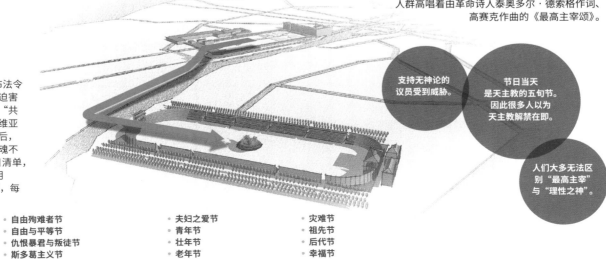

支持无神论的议员受到威胁。

节日当天是天主教的五旬节。因此很多人以为天主教解禁在即。

人们大多无法区别"最高主宰"与"理性之神"。

- 自然和最高主宰节
- 人类节
- 法国人民节
- 人类拯救者节
- 自由殉难者节
- 自由与平等节
- 仇恨暴君与叛徒节
- 斯多葛主义节
- 夫妇之爱节
- 青年节
- 壮年节
- 老年节
- 灾难节
- 祖先节
- 后代节
- 幸福节

国家回归

热月政变之后，罗伯斯庇尔的政敌采取了仇视所有宗教的政策，尤其针对天主教。不过他们也必须面对现实：不少人仍然倾心于天主教的罗马教廷；支持宪政派天主教会的人数虽然不多，但非常活跃。在国民公会执政尾声和督政府时期的五年中，他们一直致力于控制天主教信仰死灰复燃，再次迫害教士，推广共和国自己的宗教（如督政官拉勒维利埃-勒博大力支持的有神博爱教）和共和历旬日的庆祝活动，但收效甚微。

在拿破仑武力征服的部分意大利地区，法国政府的努力不仅无用，还引起了持续的宗教冲突，甚至发生囚禁和放逐教皇的情况。附庸法国的比利时还爆发了宗教战争。随后，朱安党叛乱在法国本土的西部地区卷土重来，彻底削弱了政权。

拿破仑发动政变上台之后，与教皇签署了政教协议，尽力与罗马的天主教廷达成和解，协议内容有利于巩固国家政权。拿破仑借此一统天主教阵营，随后又对新教徒、犹太人和共济会实施事实上的监管。最后，由法国大革命引起的宗教争端，以国家掌控所有教派而结束，只留下诸多有关宗教迫害的回忆。

政教分离

 1794年9月18日
共和国政府不再支付任何宗教活动的费用。

1794年12月21日
格雷古瓦主教宣称："奥斯曼帝国有宗教自由，法国却没有！人民被剥夺了在暴君统治的国家都可以享有的权利！"

1795年2月21日（共和三年风月3日）
旺代地区获得宗教活动自由。
人民获得私人场所内的宗教活动自由，但国家不支付神职人员的薪资。

1795年5月30日（共和三年牧月11日）
可以自由使用宗教场所，但信徒需自费修缮。

1795年春
即将恢复宗教生活。

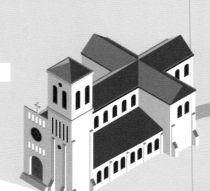

旬日节庆

共和六年芽月14日（1798年4月3日），立法推动旬日节庆活动。 该活动反基督教色彩浓厚。旬日为每10天中的最后一天，替代周日。商铺周日需开门营业，但旬日应关门歇业。婚礼及其他庆典应于旬日举办。非宗教性节日包括国庆节、夫妇节等等。1799年夏天之后不再举行旬日节庆活动。

19 座教堂 巴黎

宪政派教会

虽然缺乏政府支持，人数锐减，该教会还是在1795年东山再起。 1797年8月31日，国家教务会议任命了以格雷古瓦主教为首的31名主教。

有神博爱教

实为一种世俗的，提倡宗教情感的人文主义伦理。 在教主拉勒维利埃-勒博的推动下，该教在1797年至1799年一度兴盛于部分大城市。主持活动的祭司需身着白色长袍。

罗马天主教

在这一局势下，传统的天主教徒成为最大的受益者， 1797年大选对他们非常有利。虽然当年的主教纷纷逃亡（仅留下一人），抵抗派教士仍然聚集在叛乱地区，传教士遍布法国各地。巴黎的每个行政区，政府都要归还教会一所教堂，教会还拥有大量私立学校。不过，根据1795年9月29日（共和四年葡月7日）法令，教士必须宣读以下誓言："我发誓，公民整体至高无上，我服从共和国的法律。"

通过传教士和一直秘密生存的抵抗派教士网络， 传统教会恢复了生命力。信徒重回朝圣之路，修会和慈善组织（如慈善修女会）也起死回生。

人们又开始根据天主教传统给孩子取名。

1796年、1797年和1799年，宗教迫害又有回潮之势。 在厄尔和卢瓦尔省，周五禁止卖鱼（根据天主教传统，周五需以鱼代替肉食）。1797年10月—1798年10月，2 000多名教士被关押在奥莱龙岛上。教皇庇护六世被囚禁，流放到法国，直至1799年以81岁高龄身故。1799年7月12日颁布的《人质法》规定，抓获"罪当流放"的教士者，可得到与抓获凶恶匪首者同样的赏金。

2000 名教士

4 000 名在职教士 1799年

新教

新教恢复活动， 但牧师人数锐减至150～200人。

犹太教

虽然阿尔萨斯地区始终存在反犹情绪，但向外扩张的法国革命军所到之处，犹太人纷纷被解放， 享有平等的公民身份。此事影响巨大，甚至导致了1797年罗马的反犹骚乱。拿破仑远征埃及时，犹太人希望法国在巴勒斯坦创建他们的国家。

1790　1791　1792　1793

天主教的**抵抗**

在俗教众在里昂成立多家秘密团体，
如夏洛特会（前身为1788年成立的姐妹会）、Aa会
（神学院的在俗校友会）和圣体兄弟会等。

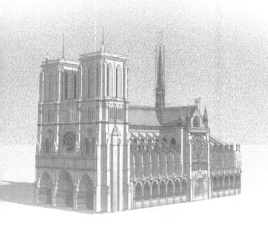

典型案例
巴黎圣母院

1789年5月4日
为庆祝三级会议召开，圣母院演奏《降临吧，
造物主》（*Veni Creator*）。

1789年7月15日
为祝贺恢复社会秩序，演奏《赞美颂》（*Te Deum*）。

1789年9月15日
为巴黎国民自卫军的旗帜祝圣。

1789年10月
巴黎大主教逃亡。

1789年11月
损失近700 000锂/年。

1790年2月10日
路易十六和王后参加低调的弥撒。

1791年5月
戈贝尔出任塞纳省立宪派主教。

1792—1802年
大钟不复敲响。

1793年11月7日
戈贝尔辞职，宣布放弃宗教信仰。

1793年11月10日
理性节之际，圣母院成为北方军团的红酒仓库。

1794年4月13日
戈贝尔作为无神论者被送上断头台。

1795年8月15日
宪政派主教格雷古瓦与主教座堂和解。
圣母院开放，恢复宪政派天主教仪式、旬日纪念
活动和有神博爱教庆典。

1797年
宪政派天主教教务会议。

1802年
恢复传统的天主教活动。

1802年6月24日
一名宪政派主教领唱，60 000人合唱
《赞美颂》。

被镇压的**教会**

罗什福尔的浮桥上，
850名教士
被塞进两艘小船
60%
死于非命

11 000名教士
被流放
（9 000名比利时教士）

24名教士
在普政府期间
被处决

14 000人
被法庭
判处死刑

126
名修女

920
名教士

5
名新教教士
被处决

阿尔萨斯地区的犹太人
虽未卷入任何宗教抗争，
但仍遭到屠杀。

革命时期的历史事件
留下持久的回忆

阿拉斯　瓦朗谢讷

贡比涅
巴黎

瓦讷　拉瓦勒
昂热

奥朗日

**20世纪宣福
的殉难者**

100　20　1

**法国西部革命年代
殉难者墓葬**

✝ "革命派"圣人

✝ "反革命派"圣人

拉赛
昂杜耶
圣马丁·德科讷
维拉梅
莱涅莱
圣旺-德图瓦　圣让
布瓦斯特鲁丹　拉瓦尔
埃塔布勒　勒泰伊　拉盖尔什
圣萨蒂南
普雷米　拉普雷维埃尔
普鲁梅里奥　泰耶
圣巴泰勒米　圣让-布雷沃莱　吕菲涅　阿弗里耶
吉斯蒂尼克　卡莫尔　米西里亚克　小奥维内
蒲吕维涅　安格朗德
圣安娜-多莱　瓦讷　穆瓦斯东
拉巴绑　洛寇尔-芒东　叙聚尔　贝于勒　下安德尔　勒塞里耶
坎佩尔　巴当

民间的宗教狂热

萨尔特出现一些对"革命派圣人"（如被朱安党叛军杀害的两个女孩——玛
丽·马丁和佩林·迪盖）墓葬的祭拜活动。同时，一些"先知"（福雷地区的
灾变论派信徒）来到巴黎定居。

财产权
革命

8月4日晚，革命的分水岭

攻占巴士底狱之后，全国动荡不安，在农村引发了一系列过激反应，史称"大恐慌"。8月4日晚，议会代表通过取消了一度令社会——尤其是农村共同体——不堪重负的多项领主权利。将那些被视作"不公"或"有碍王国复兴"的特权和赋税尽数废除之后，他们颁布法令，为这个波澜壮阔的夜晚画上了句号。法令开宗明义地指出："国民议会彻底摧毁了封建制度"。这样，在我们的记忆中，此举不只是代表外省和城镇某些所有权的消亡，还象征着封建制的结束。

其实，1789年，所有代表在使用"封建制"一词时都心知肚明：所谓"封建制"不过名存实亡而已。法国历任国王早已通过控制和驯化贵族，成功地掏空了它。当然，领主制仍然存在：在法国各地，在每一个堂区，领主（可能是贵族、教士，甚至平民）有权经营自己拥有的土地。无论领主是谁，他们都对农村共同体的土地享有所有权。这些所有权或基于可追溯至"封建"年代的传统（如教会的什一税），或来自带有买卖合同性质的收购。如今，它们统统被取消，没有任何补偿。1793年7月17日，国民公会又无偿取消了一切残余的领主权。不过一般来说，即使在此之前，农民也已不再为这些领主权买单了。

最后，人们只保留了名下房产的租金收入和根据财产与产业计算的各项国家赋税及开支。固然，8月4日那晚之后，共同体财产仍然受到保护，国家的税收依旧，但财产的所有者多少卸下了部分历史包袱。不过，贵族特权的取缔并未带来英式自由主义制度的建立，社会平等的目标，则更是遥不可期。

50

1789年前
的农业社会

君主
至高无上的
封建领主

税收

各省及城市的
特权
行会的特权
个人的财产权

财产所有者

税收

税收
兵役
劳役

教会

冲突

平民

共同体财产

什一税

冲突

农村共同体

领主

封建特权

1789—1793年，断裂与延续

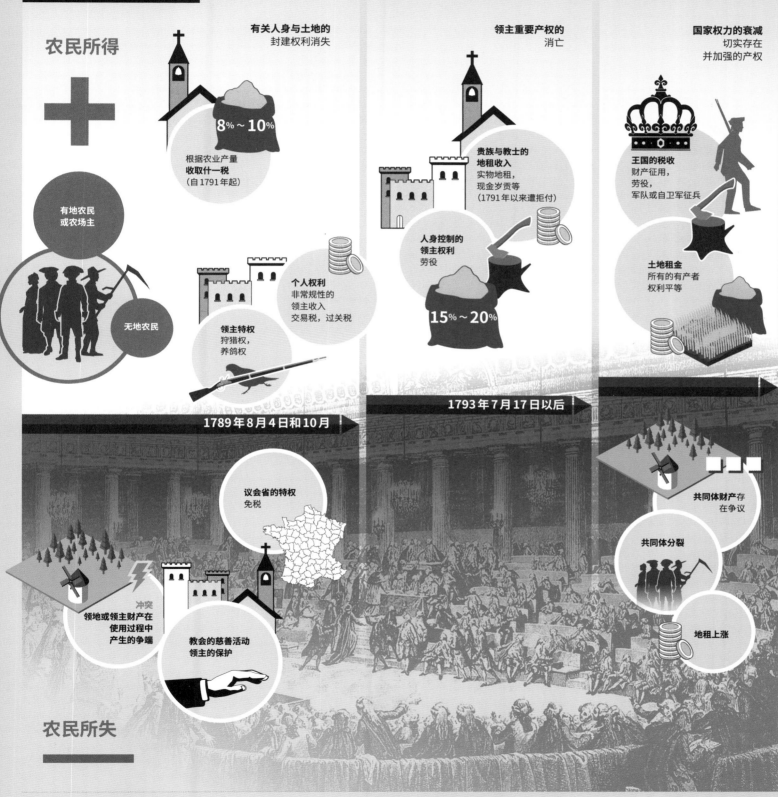

农民所得

＋

有关人身与土地的
封建权利消失

根据农业产量
收取什一税
（自1791年起）
8%～10%

有地农民
或农场主

无地农民

领主特权
狩猎权，
养鸽权

个人权利
非常规性的
领主收入
交易税，过关税

领主重要产权的
消亡

**贵族与教士的
地租收入**
实物地租，
现金岁贡等
（1791年以来遭拒付）

**人身控制的
领主权利**
劳役
15%～20%

国家权力的衰减
切实存在
并加强的产权

王国的税收
财产征用，
劳役，
军队或自卫军征兵

土地租金
所有的有产者
权利平等

51

1789年8月4日和10月

1793年7月17日以后

议会省的特权
免税

冲突
**领地或领主财产在
使用过程中
产生的争端**

**教会的慈善活动
领主的保护**

共同体财产存
在争议

共同体分裂

地租上涨

农民所失

拍卖国有资产

国有资产拍卖是法国大革命期间最重要的历史事件吗？数年之内，法国十分之一的土地易主，其中三分之二的地产本属于教会，其余三分之一大多属于贵族流亡者和贵族嫌犯。至少 500 000 法国人参与竞拍。资产阶级市民是主要的获益者，富农和中农也获益良多。不过，大部分售出地产是较小的地块。20 年后，贵族虽未完全失去权势，但与往昔相比已不可同日而语。姗姗来迟的经济补偿使他们更多投资于工业，而非农业。需要提醒的是，在购买国有资产时，某些日后坚定反对革命的贵族也当仁不让。

国家从资产拍卖中收益甚微：由于资产多为分期出售，一旦购买资产的指券贬值，卖方的利润就会减少。不过，毕竟大笔资金投入了战争，而资产购买者也从此将自己的身家性命与大革命的成败捆绑在了一起。1815 年之后，复辟的波旁王朝无力废止这些交易的有效性。法国彻底改变了。当然，无论在城市还是在农村，贫困阶层并未从中受益；更何况，新的社会结构日益限制了集体财产的所有权和使用权，从而破坏了传统共同体的凝聚力。革命者对这些社会问题并非一无所知。事实上，1789—1799 年，他们采取了一系列相应政策，力图缓解社会矛盾。

夏尔·莫里斯·
德·塔列朗-佩里戈尔
1754—1838
真正的政治动物。因为身体残疾，人送绰号"跛足的魔鬼"。从路易十六、督政府、拿破仑帝国到查理十世，他在所有服务的政权中都如鱼得水。

1795 年 5 月 3 日
为提高销售速度，土地被批量拍卖。倒卖土地有利于投机者和大农场主。

社会革命

针对贫农拍卖
流亡贵族的资产。

1793 年 3 月 18 日
废除土地法。

1793 年 11 月 23 日
土地被切分为小块待售。

1794 年 2 月 26 日—3 月 3 日
风月法令：犯罪嫌疑人的土地应分配给贫困人口。

投机者的年代

改革时期

9 月 19 日
有人率先提议抵押教会资产，发行"债券"。

10 月 10 日
塔列朗建议将教会财产收归国有。

12 月 19 日—21 日
建立特别金融委员会。

11 月 2 日—3 日
教会财产收归国有。

7 月 9 日
所有教会财产均可拍卖。

强制发行流通
1.2 亿指券

王国的复兴

1782 年
谣传将没收教会资产。

1786—1787 年
卡洛讷打算出售教会的地产收入、狩猎权和司法权。

1788 年 5 月
教会担忧国家侵吞财产。

1795

1794

1793

1792

1791

1790

1789

一个典型家族的 200 年

托马森：一个蓬图瓦兹的农民家族

购买国有资产面积
单位：公顷

170 年之后……

家族耕种教区内 40% 的土地，**实际仅有 3 公顷。**

224	74	150	214	529
1773	1791	1822	1914	1964

1788	1789	1790	1791	1792	1793

资产的**重新分配**

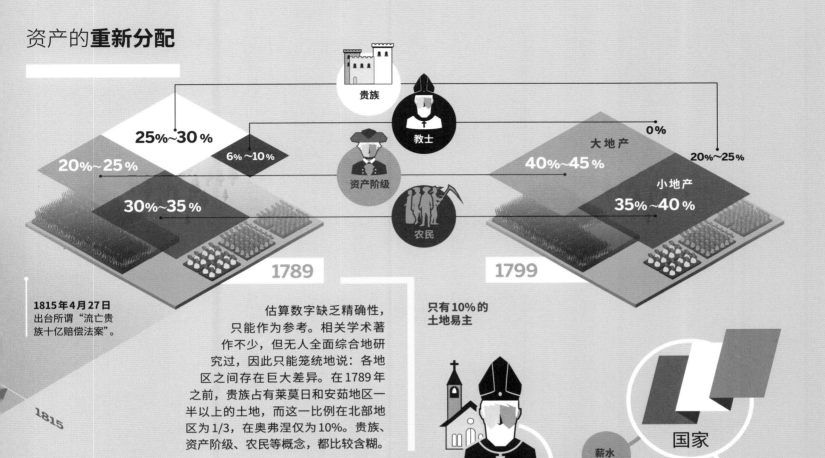

贵族

教士

资产阶级

农民

25%~30%

6%~10%

20%~25%

30%~35%

0%

大地产

40%~45%

小地产

35%~40%

20%~25%

1789

1799

1815年4月27日
出台所谓"流亡贵
族十亿赔偿法案"。

1815

估算数字缺乏精确性，
只能作为参考。相关学术著
作不少，但无人全面综合地研
究过，因此只能笼统地说：各地
区之间存在巨大差异。在1789年
之前，贵族占有莱莫日和安茹地区一
半以上的土地，而这一比例在北部地
区为1/3，在奥弗涅仅为10%。贵族、
资产阶级、农民等概念，都比较含
糊。

只有**10%**的
土地易主

53

国家

教会

薪水

税收

征用或剥夺财产

财产所有者

农村

农民或
城镇居民，
贵族或平民

征用
征兵

使用权
及分割的冲突

共同体财产
被分割或受到威胁

财产权的
胜利

"财产是不可侵犯与神圣的权
利，除非合法认定的公共需要
对它明白地提出要求，同时基
于公正和预先补偿的条件，任
何人的财产皆不可受到剥夺。"
——1789年《人权宣言》
第17条。

"财产权属于全体公民。公民有
权拥有，并根据自己的意愿支
配其资产、收入、劳动果实及
产业收益。"
——1793年6月24日宪法
（"山岳派宪法"），有关公民权
利的第16条。

1789年后的
农村社会

指券
及货币革命

指券并非革命的产物，最初指代的是用于支付遗产或购买某些债券的凭证。1789年12月，制宪会决定由特别金融委员会发行价值4亿锂的指券。当时的指券为面值1 000锂的银行票据，国家的债权人用它来购买收归国有的教会资产，也有一些投机商用流通货币来收购指券。特别金融委员会除了征收公民的"奉献"（赋税），也负责收回指券销毁，以避免通货膨胀。此时的指券带息，不能用作货币。然而，情况很快恶化。国家负债6亿~7亿锂。政府为了摆脱债务，发放官员薪水，持续推动民众的革命热情，急切需要新的资金注入。于是，指券被用以支付国家的日常开支，持续作为流通货币发行，该情况在战争期间尤甚。

指券从此进入开放性的经济体系，与其他货币形成竞争关系。当然，如果希望纸类货币在商业交易中得到认可，不能仅给它规定一个票面价值了事。很快，指券的交易价格就低于其票面价值，加剧了通货膨胀。金属货币被人们藏在家中保值。消费者使用指券支付时，需要面对更高的价格。最后，指券越来越多地落到别无选择的穷人手中。

1792—1794年，法国战局岌岌可危，必须严格管控经济。1794年夏天之后，随着战场上的节节胜利，人们无法继续忍受战时严苛的体制。经济恐怖政策被废除，罗伯斯庇尔也被送上了断头台。随后几个月里，指券加速崩盘，1796年退出历史舞台。取代指券的土地券失败之后，金属货币回归，国家财政情况恢复正常。法军在境外征服领土上的搜刮，更加充实了国库。放贷者和工薪阶层成为指券的受害者，资产的所有者却得以增加财富，大企业家获利更丰。

54

指券价格的变化
单位：锂

国王逃亡失败

制宪议会决定建立特别金融委员会，
收取爱国税和拍卖教会财产的4亿锂收益。

指券成为可交易货币。

规定指券的规格与颜色。
规定将发行面值1 000锂的指券150 000张，
面值300锂的指券400 000张，200锂的指券650 000张。

国民议会颁布法令，
决定自**8月1日**起发行指券。
规定每日发行量不得超过10 000锂。

指券**不再带息**。

制假币者及其同伙
将被判处**死刑**。

带有国王头像的指券
不再具有交易价值。

| D | J | F | M | A | M | J | J | A | S | O | N | D | J | F | M | A | M | J | J | A | S | O |

1790 1791

指券的发行量
单位：10亿

货币之间的**竞争**

公安委员会在国外一直使用
金属货币支付，因此2/3的军费是
用金属货币支付的。不过，作为纸
币的竞争对手，金属货币往往被私
人私藏。各类金属货币的使用至少
持续到19世纪中期以后。

金币
法国铸造
（带有或不带有国王头像）
西班牙比塞塔

银币
埃居和法郎
黄铜及青铜货币
德尼耶和苏
小面值硬币

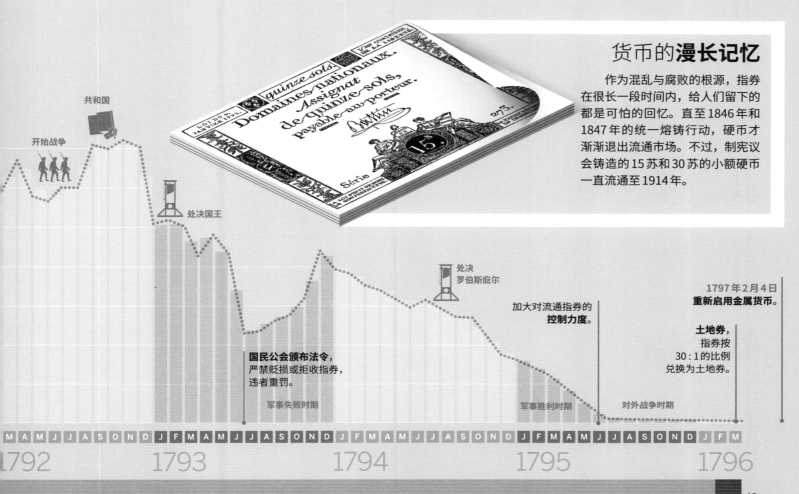

货币的**漫长记忆**

作为混乱与腐败的根源，指券在很长一段时间内，给人们留下的都是可怕的回忆。直至1846年和1847年的统一熔铸行动，硬币才渐渐退出流通市场。不过，制宪议会铸造的15苏和30苏的小额硬币一直流通至1914年。

共和国

开始战争

处决国王

处决罗伯斯庇尔

加大对流通指券的**控制力度**。

1797年2月4日重新启用金属货币。

土地券，指券按30：1的比例兑换为土地券。

国民公会颁布法令，严禁贬损或拒收指券，违者重罚。

军事失败时期

军事胜利时期

对外战争时期

55

M A M J J A S O N D | J F M A M J J A S O N D | J F M A M J J A S O N D | J F M A M J J A S O N D | J F M

1792　　1793　　1794　　1795　　1796

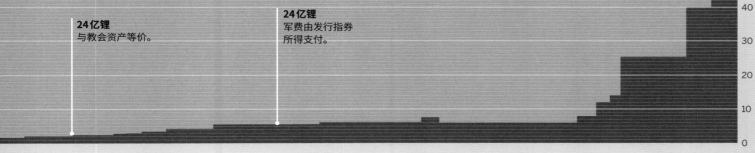

24亿锂
与教会资产等价。

24亿锂
军费由发行指券所得支付。

40

30

20

10

0

1792年夏天起，教堂的大钟也被熔铸为货币。
1792—1794年，共发行1苏及2苏的货币1 900万锂（约3亿枚）。

1789年，商业银行发行**商业票据**约5亿锂。

商业汇票自由流通。1791年之后，逾千家机构发行"**信用券**"或"**爱国券**"，1792年10月被禁用。

带有凹槽的"**面包符印**"（小木棍一劈为二）[1]及各类债券均在市场倒卖，其中也混有**假钞和旧指券**。

信用券的发行量及革命热情

4　　1795　　1796　　1797　　1798　　1799

[1] 面包师和顾客各存一份，符印相合才可购买面包。

殖民地与 废奴运动

革命与殖民地

1789年，法兰西王国是一个强大的殖民国家，也是西班牙、葡萄牙，尤其是英国的主要对手。法国船只进行黑奴贸易，为本土换来蔗糖、咖啡和棉花。这些异国产品均变成法国日常生活的必需品。经济飞速发展带来的财富，是引发法国大革命社会结构变革的主因之一。1789年之后，法属殖民地更是直接地影响了革命史的历程：它提出了公民权与奴隶制的问题，更将国家拖入了惨烈的战争中。

黑奴的 漫漫长路

敦刻尔克 44 1.3%

迪耶普

勒阿弗尔 399 12%

翁弗勒尔 125 3.8%

莫尔莱 0.2%

圣布里厄
布雷斯特 7

圣马洛 215 5.5%

洛里昂 155 4.7%

瓦讷 13 0.4%

43% 南特 1 427

蒙特利尔 魁北克
圣皮埃尔和密克隆
新奥尔良 烟草
圣多曼格岛
瓜达卢佩岛
马提尼克
圭亚那

毛皮

白糖

圣路易
戈雷岛
朱达港

昌德纳戈尔
亚南
本地治里
马埃岛
加里加尔
塞舌尔

法国岛（今毛里求斯）
波旁岛（今留尼汪岛）

奴隶

香料

18世纪，法国从殖民地进口1.8亿~2亿锂产品，再将其1/3转运出口，年获利7 000万~8 000万锂。1792年，受到圣多曼格岛（海地岛旧称）经济崩盘的冲击，贸易公司亏损累计达9 600万锂。

1792年，南特的海外贸易达到顶峰，**共230艘船只出海。**
1793年，出海船只不到70艘。

拉罗谢尔 427 13%

罗什福尔 20 0.6%

波尔多 393 12%

巴约讷 9 0.3%

赛特

马赛 82 2.5%

 法国岛（今毛里求斯）5

 波旁岛（今留尼汪岛）7

1700—1800年

 船只数量
155

 贸易占比
4.7%

| 1788 | 1789 | 1790 | 1791 | 1792 | 1793 |

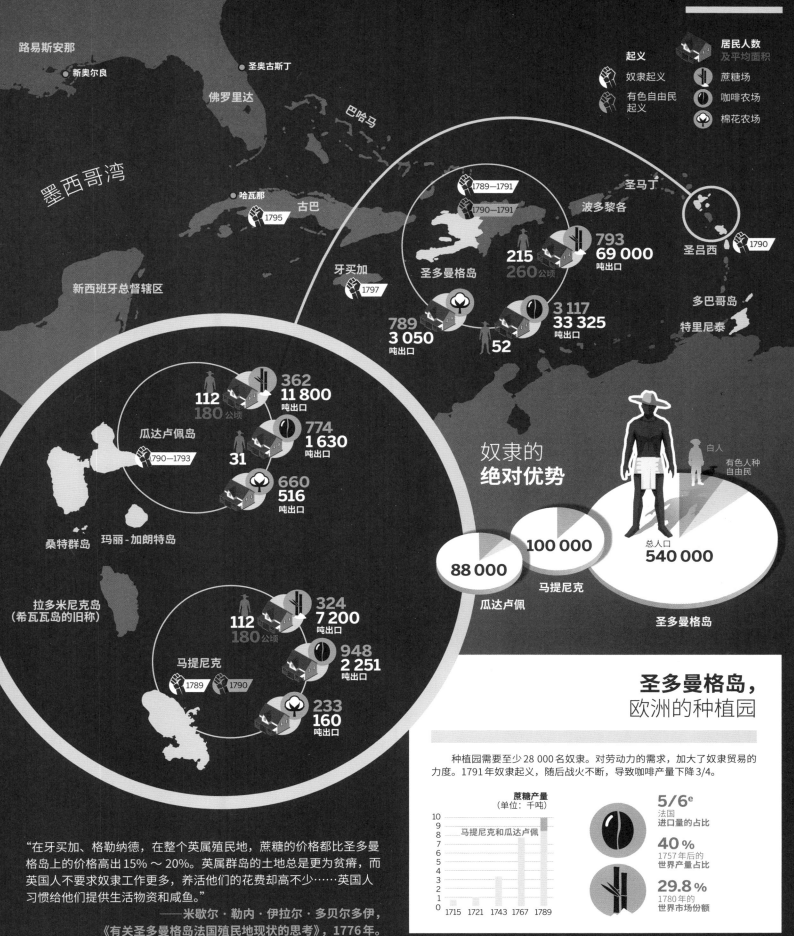

居民人数
及平均面积

起义

奴隶起义

有色自由民
起义

蔗糖场

咖啡农场

棉花农场

路易斯安那

新奥尔良

圣奥古斯丁

佛罗里达

巴哈马

墨西哥湾

哈瓦那

古巴

圣马丁

波多黎各

新西班牙总督辖区

牙买加

1797

1795

圣多曼格岛

1789—1791

1790—1791

215
260公顷

圣吕西

1790

793
69 000
吨出口

多巴哥岛

特里尼泰

789
3 050
吨出口

3 117
33 325
吨出口

52

362
11 800
吨出口

112
180公顷

瓜达卢佩岛

1790—1793

774
1 630
吨出口

31

660
516
吨出口

桑特群岛

玛丽-加朗特岛

拉多米尼克岛
（希瓦岛的旧称）

奴隶的
绝对优势

白人

有色人种
自由民

88 000

瓜达卢佩

100 000

马提尼克

总人口
540 000

圣多曼格岛

324
7 200
吨出口

112
180公顷

马提尼克

1789

1790

948
2 251
吨出口

233
160
吨出口

57

"在牙买加、格勒纳德，在整个英属殖民地，蔗糖的价格都比圣多曼
格岛上的价格高出15% ～ 20%。英属群岛的土地总是更为贫瘠，而
英国人不要求奴隶工作更多，养活他们的花费却高不少……英国人
习惯给他们提供生活物资和咸鱼。"

——米歇尔·勒内·伊拉尔·多贝尔多伊，
《有关圣多曼格岛法国殖民地现状的思考》，1776年。

圣多曼格岛，
欧洲的种植园

种植园需要至少28 000名奴隶。对劳动力的需求，加大了奴隶贸易的
力度。1791年奴隶起义，随后战火不断，导致咖啡产量下降3/4。

蔗糖产量
（单位：千吨）

马提尼克和瓜达卢佩

10
9
8
7
6
5
4
3
2
1

1715 1721 1743 1767 1789

5/6[e]
法国
进口量的占比

40 %
1757年后的
世界产量占比

29.8 %
1780年的
世界市场份额

冲突中的人口对比

殖民的影响非常复杂。无论情愿与否，不同种族的人群混居在一起：来自本土或生于当地的白人、克里奥尔人、被解放的奴隶或生来自由的有色人、从非洲贩运来的黑奴……不同族群之间大量的通婚现象，使种群界限非常模糊。18世纪末期，各族群间的矛盾越发突出。有关肤色的各种偏见酝酿了新的对立情绪。其中，"白人平民"（手工业者、种植园员工、底层行政人员）和富裕的有色自由民（产业主、奴隶主）之间的矛盾，尤为严重。

1785年，因贩卖黑奴致富的贝宁王子就曾是巴黎各社交沙龙的座上宾，他身着绸缎服装，脚蹬红底靴子，尤其风光。而大革命时期，肤色偏见甚嚣尘上，导致圣多曼格岛的冲突升级，直至1804年，圣多曼格岛宣布独立，确立海地共和国。

黑奴的来源地
- 圣多曼格岛（1796—1797）
- 瓜达卢佩岛（1789—1794）
- 马斯克林群岛（留尼汪和毛里求斯）

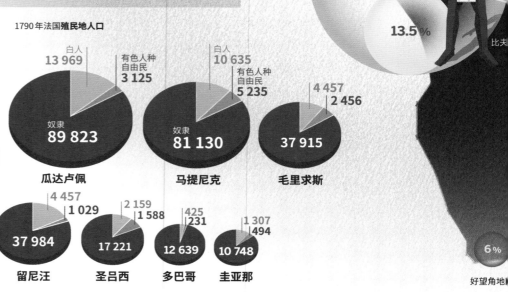

塞内冈比亚 10 %
贝宁湾 17 %
26 %
39
13 %
3.5 %
8 %
2.7 %
12 %
53 %
几内亚
利比里亚、科特迪瓦 黄金海岸
塞拉利昂
13.5 %
比夫
6 %
好望角地

奴隶的人口比重

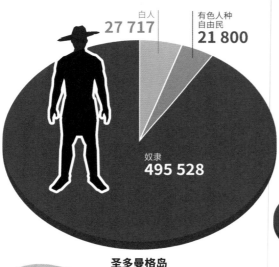

圣多曼格岛
白人 27 717
有色人种自由民 21 800
奴隶 495 528

1790年法国殖民地人口

瓜达卢佩
白人 13 969
有色人种自由民 3 125
奴隶 89 823

马提尼克
白人 10 635
有色人种自由民 5 235
奴隶 81 130

毛里求斯
4 457
2 456
37 915

留尼汪
4 457
1 029
37 984

圣吕西
2 159
1 588
17 221

多巴哥
425
231
12 639

圭亚那
1 307
494
10 748

马提尼克每年 42 000 名黑奴 1786—1790

圣多曼格岛
1790年到 **50 000 名黑奴**
1792年到 **10 000 名**
1793年 **0**

平均年龄
19 岁 到达时
17 岁

40 % 的黑奴到达时不满16岁

1 800 ～ 2 100 锂 黑奴的平均价格 1788—1792

异族通婚：白人、

单纯的白人血统
安的列斯群岛 **60 %**

出生于非洲的瓜达卢佩黑奴
留尼汪 **16 %**

60 %
40 %

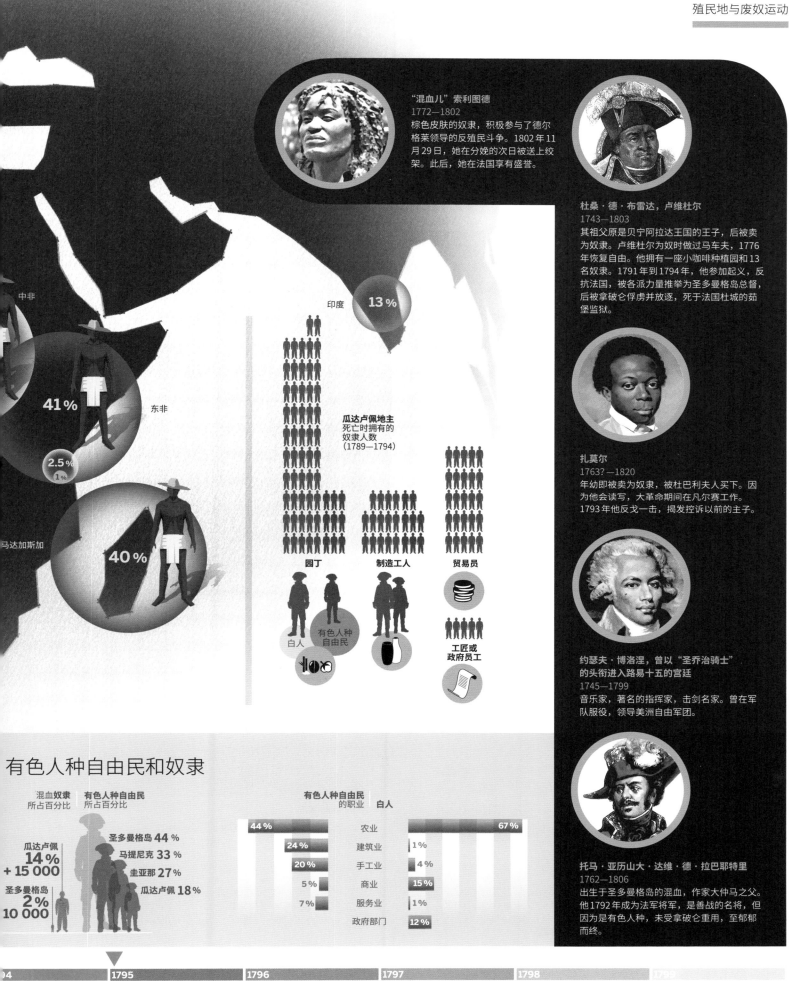

"混血儿"索利图德
1772—1802
棕色皮肤的奴隶，积极参与了德尔格莱领导的反殖民斗争。1802年11月29日，她在分娩的次日被送上绞架。此后，她在法国享有盛誉。

杜桑·德·布雷达，卢维杜尔
1743—1803
其祖父原是贝宁阿拉达王国的王子，后被卖为奴隶。卢维杜尔为奴时做过马车夫，1776年恢复自由。他拥有一座小咖啡种植园和13名奴隶。1791年到1794年，他参加起义，反抗法国，被各派力量推举为圣多曼格岛总督，后被拿破仑俘虏并放逐，死于法国杜城的茹堡监狱。

扎莫尔
1763?—1820
年幼即被卖为奴隶，被杜巴利夫人买下。因为他会读写，大革命期间在凡尔赛工作。1793年他反戈一击，揭发控诉以前的主子。

约瑟夫·博洛涅，曾以"圣乔治骑士"的头衔进入路易十五的宫廷
1745—1799
音乐家、著名的指挥家，击剑名家。曾在军队服役，领导美洲自由军团。

托马·亚历山大·达维·德·拉巴耶特里
1762—1806
出生于圣多曼格岛的混血，作家大仲马之父。他1792年成为法军将军，是善战的名将，但因为是有色人种，未受拿破仑重用，至郁郁而终。

中非

印度 **13 %**

41 %

东非

2.5 %

1 %

马达加斯加

40 %

瓜达卢佩地主
死亡时拥有的
奴隶人数
（1789—1794）

园丁　　制造工人　　贸易员

白人

有色人种
自由民

工匠或
政府员工

有色人种自由民和奴隶

混血奴隶 所占百分比	有色人种自由民 所占百分比
瓜达卢佩 **14 %** + 15 000	圣多曼格岛 **44 %** 马提尼克 **33 %** 圭亚那 **27 %** 瓜达卢佩 **18 %**
圣多曼格岛 **2 %** 10 000	

	有色人种自由民 的职业	白人
44 %	农业	**67 %**
24 %	建筑业	1 %
20 %	手工业	4 %
5 %	商业	**15 %**
7 %	服务业	1 %
	政府部门	**12 %**

| 94 | 1795 | 1796 | 1797 | 1798 | |

废除奴隶制的**实况**

18世纪末期，奴隶制越来越多地受到抨击。"自然权利"理论不允许人成为贩卖的对象。这一点与以英国为首的经济理论发生冲突。经济学家以利益为导向，认为奴隶的劳动力廉价，能够带来更大的利润。废奴主义者（孔多塞、格雷古瓦、布里索等）认为，废奴应在较长时段内循序渐进地进行，以免引发经济崩盘和民众暴动。这也是1788年最初成立黑人之友协会的原因。由此不难理解，该协会最初的会员中有不少贵族，其中包括圣多曼格岛的一些种植园主。随后的政治博弈颠覆了这一观念。殖民地希望减少国家的控制；白人平民希望改善自己的处境，甚至拥有奴隶；有色自由民希望获得与白人平等的权利；而奴隶没有发言权，他们将用暴动的形式，扮演决定性的角色。一部分奴隶站在自己的主人这边，而大多数奴隶坚定地支持共和国的废奴运动。

1794年2月4日，虽然遭到部分左翼的国民公会代表反对，丹东倡议的废奴法案还是得到了多数人的支持。不过在大革命期间，基于肤色的偏见非但没有消除，反而更深了。许多有色人种的军官在革命军队中被边缘化，甚至被逐出军队。废奴运动在不同地区的实施程度也有很大差异：1794年2月6日，马提尼克被英国占领，废奴一事自然无从谈起；而印度洋的岛屿上，无人愿意解放奴隶；在瓜达卢佩岛，国民公会的特派员宣布废奴之后，所采取的举措非常有限；而在圣多曼格岛，卢维杜尔的斗争，多少使废奴运动变了味道。无论如何，1794年宣言都是历史的一个转折点，为19世纪废除奴隶制度做了准备。

1794年2月4日法令
（共和二年雨月16日）

"所有殖民地废除黑奴制度。所有黑人都应得到解放。"

1793年8月29日的法令，首先解放了圣多曼格岛的黑奴。随后，1794年2月4日（共和二年雨月16日）的法令更进一步，理论上在所有法国殖民地废除了奴隶制。

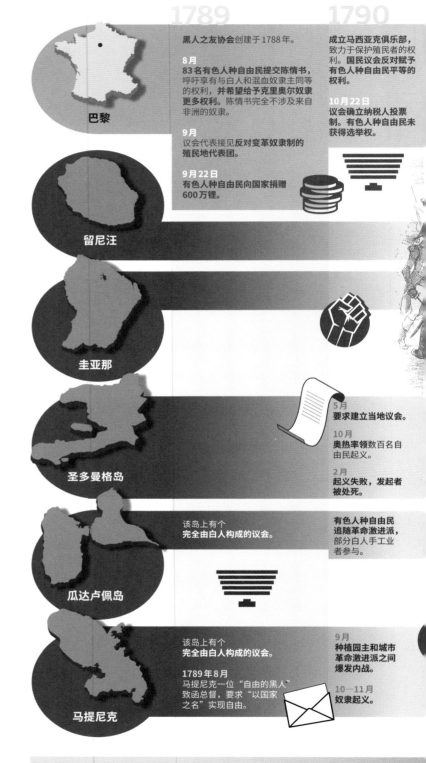

1789

巴黎

黑人之友协会创建于1788年。

8月
83名有色人种自由民提交陈情书，呼吁享有与白人和混血奴隶主同等的权利，并希望给予克里奥尔奴隶更多权利。陈情书完全不涉及来自非洲的奴隶。

9月
议会代表接见反对变革奴隶制的殖民地代表团。

9月22日
有色人种自由民向国家捐赠600万锂。

留尼汪

圭亚那

圣多曼格岛
该岛上有个**完全由白人构成的议会。**

瓜达卢佩岛
该岛上有个**完全由白人构成的议会。**

1789年8月
马提尼克一位"自由的黑人"致函总督，要求"以国家之名"实现自由。

马提尼克

1790

成立马西亚克俱乐部，致力于保护殖民者的权利。国民议会反对赋予有色人种自由民平等的权利。

10月22日
议会确立纳税人投票制。有色人种自由民未获得选举权。

5月
要求建立当地议会。

10月
奥热率领数百名自由民起义。

2月
起义失败，发起者被处死。

有色人种自由民追随革命激进派，部分白人手工业者参与。

9月
种植园主和城市革命激进派之间爆发内战。

10—11月
奴隶起义。

黑人之友协会

创建人包括雅克·皮埃尔·布里索、艾蒂安·克拉维埃和格雷古瓦。协会追求殖民地白人与有色人种的平等，呼吁立即废止奴隶交易。

1791

5月15日
父母双方为自由民的**有色人种自由民**的权利得到承认。

9月23日
议会取消平等权。

8月22日—23日
奴隶大暴动。

秋天起
暴动发展为真正的战争，交战双方都雇了奴隶兵。暴动方举起了保王党的旗帜。

战争结束，但奴隶仍保有武装。

1792

4月4日
法律承认有色人种自由民享有与白人平等的权利，但布里索派拒绝废除奴隶制。

暴动方受挫，但坚持斗争。
黑奴根据《人权宣言》呼吁全面的自由。

9月12日
松托纳和波勒韦雷尔巩固法兰西共和国的权力。
建立"平等军团"。
奴隶获得解放。

9月
种植园主已加入反革命阵营，阻遏特派员罗尚博登陆该岛。

9月
罗尚博伯爵登岛，遭革命种植园主反对，但得到有色人种自由民的支持。

1793

6月4日
国民公会接见有色公民协会代表团，由114岁高龄的奴隶娜·奥多领衔。奥多献上"平等之旗"：在三色旗上，蓝色部分画着一个黑人，白色部分有一位白人，红色部分是一位混血（俗称"红人"）。**宪法第18条规定：**"所有人必须奉献时间，提供劳动。然而，任何人不得成为买卖的对象，其人身不得成为可转卖的资产。"

6月
废除奴隶制。

起义奴隶被困在山区，得到西班牙和英国军队的援助
6月
加尔博登岛。
20日，法兰西角城被毁，数千人死亡。
23日，松托纳和波勒韦雷尔夺回法兰西角，宣布解放奴隶。
仍有 12 000 名奴隶忠于奴隶主。

8月29日
废除奴隶制，推举3名议会代表：贝莱、米尔斯、杜夫埃。

9月
英军登陆。

1月
回归共和国。

秋天
解放奴隶，部分岛屿仍处在反革命派的控制之下。

1月
回归共和国。

秋天
解放奴隶，部分岛屿仍处在反革命派的控制之下。
有色人种自由民选择支持共和国。

1794

2月4日
贝莱、米尔斯、杜夫埃投票支持废除奴隶制。

波旁岛更名为**留尼汪岛**。

建立经济管控制度。
5月18日
杜桑联合法军，再度逆转战局。

9月
法军基本控制全岛。

4月
战局不利，英军登陆，占领该岛。

6月
特派员于格登岛，解放全岛。

2月
英国控制该岛。

1795

根据共和八年宪法，殖民地适用"特别法"。
共和六年雪月12日，共和国曾在殖民地设省。1798年，法国放弃殖民地一体化。

该岛拒绝废除奴隶制，但采用更为宽松的相关政策。

杜桑成功控制全岛，自封为"终身总督"。
针对杜桑的反抗运动爆发。

到1798年
于格实施专制统治。
里什庞斯重建奴隶制。

共和国夺回该岛。8 000 名奴隶追随奴隶主逃亡。

我不是你的兄弟吗？

法军介入

英军介入

法国的黑人

775
名黑人和有色人种自由民
1789 年住在巴黎

3/4
为男性，多为从事手工业的自由民。
女性为女佣或洗衣工

军事革命

战火纷飞的十年

在法国革命史中，战争占据着很重要的地位：革命加速了战争，使其更为激烈；又改变了战争的形态，赋予其"国家"的色彩。这期间的战争，法国人为投入拿破仑未来的军事行动做好了准备。1914年，法兰西第三共和国仍希望利用人们对1794年的回忆来动员民众。事实上，战争与革命的联系比人们通常想象的更紧密。18世纪中期之后，欧洲与美洲一直动荡不安，最后美国爆发独立战争，法国在其中的角色不容忽视。1789年大革命前夕，俄国和奥地利仍在与奥斯曼帝国缠斗，随后与普鲁士一起瓜分了波兰。而普鲁士刚在1787年扑灭了联省共和国（荷兰）的革命。

1790年，法国实际上已经进入了内战状态。国家马上动员，准备迎击内部的敌人。战争带来的波动使志愿入伍的军人热血沸腾，因此在1792年选择对奥地利宣战，自然也是顺理成章的事情。然而，革命中的法国很快发现自己陷入了欧洲君主的重围之中。新的战争模式开启，结局只有两个：胜利，或是灭亡。直至1794年，外部的国境之战与内战始终相互纠缠在一起。军队的构成、战略的采用，以及军事目标的制定，都受到政治斗争的决定性影响。在战争中，法国做出了巨大的努力，这不仅证明了执政者的活力，也体现了民众的支持。

战争前几年，战局扑朔迷离，几经反复。随着拿破仑在意大利战场的胜利，法军战胜了欧洲列强，拿破仑甚至还远征埃及，但以惨败告终。无论如何，1799年，法军再度战胜由西部及西南部保王党策应的欧洲联军，促成了以革命军队为核心的国家大团结。

图例

- 🔥 法军的胜利
- 🔥 联军的胜利
- ⚓ 英国海军的胜利
- 🤝 签订停战协议或条约
- ● 第一次反法联盟成员国（1792—1797）
- ● 第二次反法联盟成员国（1798—1801）
- ▨ 反革命与"联邦主义"暴动

地图标注

翁斯科特 1793年9月8日

1796年12月16日—31日
1798年8月22日—10月12日
远征爱尔兰失败

英国 I II

伦敦

布雷斯特 1793年3月

1799年10月
整个西部陷入朱安党叛乱
（勒芒和圣布里厄失守）

卡昂

南特

绍莱 1793年10月17日

100 000 人

50 000 人

波尔多

西班牙 I

葡萄牙 I

1793

1795年7月22日

时间轴

1788 1789 1790 1792 1793

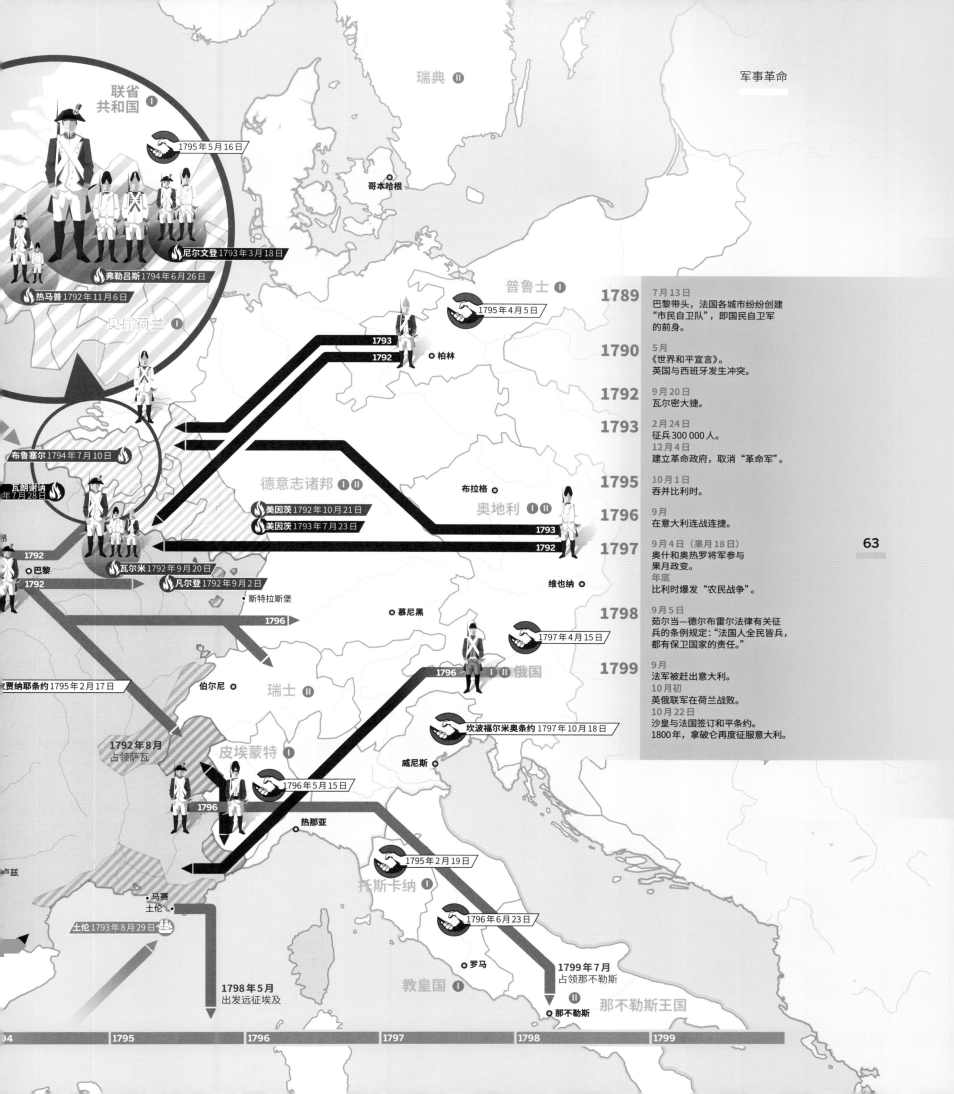

联省共和国 **I**

1795年5月16日

瑞典 **II**

哥本哈根

1793年3月18日 尼尔文登

弗勒吕斯 1794年6月26日

热马普 1792年11月6日

奥属荷兰 **I**

普鲁士 **I**

1795年4月5日

1793

1792

柏林

布鲁塞尔 1794年7月10日

瓦朗谢讷 年7月28日

德意志诸邦 **I II**

布拉格

奥地利 **I II**

美因茨 1792年10月21日

美因茨 1793年7月23日

1793

1792

1792

巴黎

1792

瓦尔米 1792年9月20日

凡尔登 1792年9月2日

斯特拉斯堡

维也纳

慕尼黑

1796

贾纳耶条约 1795年2月17日

伯尔尼

瑞士 **II**

俄国 **I II**

1796

1797年4月15日

1792年8月
占领萨瓦

皮埃蒙特 **I**

1796

坎波福尔米奥条约 1797年10月18日

威尼斯

热那亚

卢兹

1795年2月19日

托斯卡纳 **I**

马赛
土伦

土伦 1793年8月29日

1796年6月23日

罗马

教皇国 **I**

1799年7月
占领那不勒斯

那不勒斯

那不勒斯王国 **II**

1798年5月
出发远征埃及

1789

7月13日
巴黎带头,法国各城市纷纷创建"市民自卫队",即国民自卫军的前身。

1790

5月
《世界和平宣言》。
英国与西班牙发生冲突。

1792

9月20日
瓦尔密大捷。

1793

2月24日
征兵300 000人。
12月4日
建立革命政府,取消"革命军"。

1795

10月1日
吞并比利时。

1796

9月
在意大利连战连捷。

1797

9月4日(果月18日)
奥什和奥热罗将军参与果月政变。
年底
比利时爆发"农民战争"。

1798

9月5日
茹尔当—德尔布雷尔法律有关征兵的条例规定:"法国人全民皆兵,都有保卫国家的责任。"

1799

9月
法军被赶出意大利。
10月初
英俄联军在荷兰战败。
10月22日
沙皇与法国签订和平条约。
1800年,拿破仑再度征服意大利。

63

1794 · 1795 · 1796 · 1797 · 1798 · 1799

1789	1790	1791	1792	1793	1794

1789
正规军主要由君主制时期的军人组成。国民自卫军来自巴黎的市民自卫队，号称有约48 000人，实际只有约30 000人。

1790
2月28日至6月19日
所有法国人有权担任军队各级职务，国民自卫军和军队共同负责治安工作。
7月14日
50 000名国民自卫军参加阅兵仪式。

1791
6月13日
征召100 000名志愿兵（部分由国民自卫军抽签产生）。

1792
7月12日
再度征召50 000名正规军，36 000名志愿兵。志愿兵总数在当年达到200 000人，后增至290 000人；次年年初达350 000人。外省联盟军有20 000人，正规军达130 000人。

1793
2月
组成7个轻步兵外籍军团。
5月
建立地方"革命军"。
8月23日
全民皆兵：已婚男性锻造武器，女性制作帐篷和军装，儿童制作纱布，老年人负责宣传。
9月2日
夏尔·菲利普·龙桑任巴黎"革命军"总指挥。所谓"革命军"由革命激进派组成，为过渡性军事组织，秋末被取缔。

1794
夏季
征兵30 000人。

从**全民皆兵**到将领治军

1792年，正值革命的法国投入战争时，问题重重。军队仅继承了君主制时代的部分旧军人，数以千计的军官逃亡，转入敌方阵营。全军毫无凝聚力，而敌军的实力似乎明显占优。但是，1793年之后，通过军事动员和物资征用，法军人数达到前所未有的峰值，各部队（旧正规军、志愿兵、征招的民夫……）团结一心，终于形成了一支属于法兰西民族的军队，此模式也延续了一个多世纪。普鲁士国王也曾试图效仿此方式打造自己的军队，然而在这一变革方面，革命中的法国显然更具成效。

法国的努力成效显著。大约有百万人入伍。即使保守估计，有效战力也达到700 000人。法国多次颁布总动员令，直至1794年转向军队管理的专业化，不再一味强调其政治性。1795年以后，随着军队专业化的提升，将领对军队的影响力增强。在他们的率领下，士兵投入了一场又一场能够给他们带来晋升与致富机会的战争。

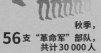

500 000人
1793年8月和1794年2月征兵令

300 000人
1793年征兵令
仅征得
150 000人

1月，仅分批征得
300 000人

夏季征召骑兵
300 000人

秋季，
56支"革命军"部队，共计30 000人

1793年和1794年的**权力制衡**

法国
600 000～700 000人

普鲁士
200 000人

其他德意志诸邦
60 000人

奥地利
300 000人

俄国
400 000人

部队的**年龄与出身**

皇家部队（1790年以前）

90%
的士兵
低于35岁

50%
的士兵
为18～25岁

1794年（共和二年）

77%
的士兵
低于25岁

25%
的少尉
高于35岁
1797年为**35%**

50%
的军官
服役多年

50%
是职业军官
90%
是旅级指挥官
70%
是营级指挥官

1789年以前，
80%的骑兵及炮兵

1798

入伍

18%
1793年入伍
30%
1794年入伍
3%
1789年以前入伍

1788	1789	1790	1791	1792	1793

1795

4月3日（共和三年芽月14日）
根据奥布里法案改编军队，废除士兵选举军官的制度，根据资历授衔，重建由上而下的任命制度，清理冗余军官。
夏季
征兵30 000人。

1796

1月2日
国民自卫军隶属于司法部。
夏季
征兵30 000人。

1797

夏季
征兵22 000人。

1798

夏季
征兵22 000人。
9月5日
茹尔当—德尔布雷尔法律引入相关征兵条例。203 000名应征入伍者中，100 000人出征，70 000人入兵营。

拒绝、逃亡与骚乱

1792年
1789年服役的军官中，
3/4逃亡。
2/3
的海军军官逃亡。

步兵和骑兵	**55 %**
炮兵	**31 %**
工程人员	**17 %**
海军	**75 %**

4 700
名军官加入逃亡贵族的行列，然而……
4 000
名军官加入革命军队。

军队中的不满情绪蔓延，骚乱四起。
起初是因为士兵们不愿采取1790年以后的措施，士兵愤愤不平。随后，军内不同政治派系之间斗争不断，无套裤汉与吉伦特派的冲突尤甚。这一状况，其实可以解释为军事决策的难产。

1798—1800年
军内不满情绪的程度

1789年8月—1792年9月
军队内部的反抗与骚乱

革新、混合编制和师级作战单位

1793年2月21日，陆军正规军与志愿兵混合编制，以实现军队一体化，保持军内的团结。此后，一个团理论上由3 300人构成，分为两个志愿兵营和一个正规营，并配有由6门火炮组成的炮兵连。该制度直到6月才开始落实。1794年1月8日的旅级改革方案直到1796年才实施。无论如何，1795年之后，革命军队已经凝为整体。

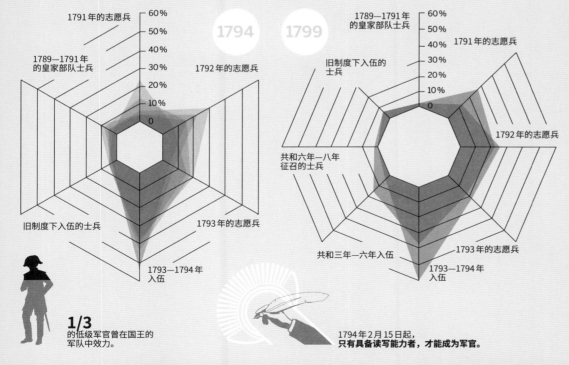

1794

1791年的志愿兵
1789—1791年的皇家部队士兵
1792年的志愿兵
旧制度下入伍的士兵
1793年的志愿兵
1793—1794年入伍

1799

1789—1791年的皇家部队士兵
1791年的志愿兵
旧制度下入伍的士兵
1792年的志愿兵
共和六年—八年征召的士兵
1793年的志愿兵
共和三年—六年入伍
1793—1794年入伍

1/3
的低级军官曾在国王的军队中效力。

1794年2月15日起，
只有具备读写能力者，才能成为军官。

师级作战单位

师级作战单位的概念，很可能最早由拿骚伯爵莫里斯亲王在18世纪提出。
师是一个独立的作战单位，配有炮兵与骑兵，是一项关键的战术创新，对混合编制具有重要意义，一直沿用至今。拿破仑将其作用发挥至巅峰。

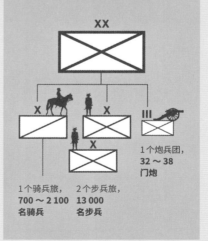

XX

1个骑兵旅，
700～2 100
名骑兵

2个步兵旅，
13 000
名步兵

1个炮兵团，
32～38
门炮

新型战争

共和二年的战士形象还留在人们的回忆里：他们装备不整，服装粗劣，鞋子破烂，却成功捍卫了共和国，击败了欧洲君主的联军。这一形象不能说全错，但应该略作修正。事实上，除了不少久经沙场的战士，还有政府的工作人员也保障了后勤，他们动用大量人力物力，保证物资补给，建立交通与医疗网络。

从这个角度来看，意大利战役和埃及战役是特殊的例子。拿破仑不仅制定了非凡的战略，还确保他的部队能够获得有效的补给。

"士兵靠胃打仗"

拿破仑这句名言说明了革命军队在后勤上面临的挑战。

意大利军团征用量
（按份数计算）
蒙多维
1796年4月21日

北方军团
一日的补给消耗量
约90 000人
（比利时，1794年）

184
头牛

130
头羊

80
吨面粉

8 000
份面包，
肉类及饼干

4 000
瓶红酒

运输与服装

1头骡子的运输车 **396**辆

2头骡子的运输车 **352**辆

4头骡子的运输车 **352**辆

意大利军团征用
1793年10月8日
43个营

+198
头骡子

+400
辆运输车

征用
米兰
1796年5月21日

2 000
匹马

15 000人的服装
100 000件衬衣，
5 000件外套，20 000顶帽子

武装军队

格里博瓦尔开展的军事标准化改革，以马匹驱动的炮兵联队为主建立，可以使战斗部队得到更近的火力支持。

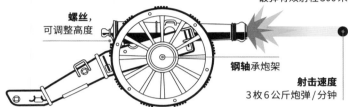

12磅炮膛
炮弹有效射程800米，
霰弹有效射程300米

螺丝，
可调整高度

钢轴承炮架

射击速度
3枚6公斤炮弹/分钟

让 - 巴蒂斯特 · 瓦盖特 · 德 · 格里博瓦尔
1715—1789
军事将领，工程师。他推行了全面的炮兵改革，
为法军打造了一张决定性的王牌。

1777年标准化的步枪模型，有效射程150米

产量
 26 000
1789年以前
 56 000
1794—1796年

海军舰船
英国和法国
1793年

115 88

克劳德 · 沙普
1763—1805

沙普发明的光学传讯电报
最初建立在巴黎 - 里尔一线，
极大提升了通信速度。
1794年8月17日，国民公会通过这一系统，
获悉勒凯努瓦围城战胜利的消息。

在弗勒吕斯，
风筝式系留气球
首度升空，向摩泽尔军团
提供情报。

法国各省征用草料情况
（1798年9月）

 高于1 000吨

 500～1 000吨

 300～500吨

| 1788 | 1789 | 1790 | 1791 | 1792 | 1793 |

战争**资金**

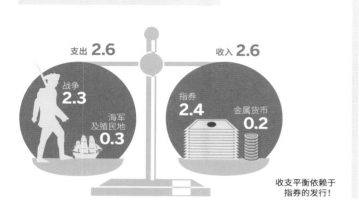

单位：百万法郎

支出 2.6　　　收入 2.6

战争 **2.3**

海军及殖民地 **0.3**

指券 **2.4**　　金属货币 **0.2**

收支平衡依赖于指券的发行！

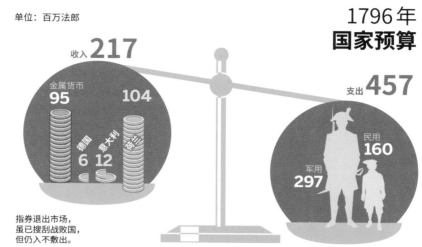

收入 **217**

金属货币 **95**　　**104**

德国 **6**　意大利 **12**　福兰

指券退出市场，虽已搜刮战败国，但仍入不敷出。

1796年 国家预算

支出 **457**

民用 **160**

军用 **297**

战争的神经

　　法国面对敌国具有多项优势。法国人口众多且年轻，人民习惯于中央集权的统治。此外，法国出售国有资产，持续发行指券，这一举动无心插柳，为成本高昂的战争带来了几乎无穷无尽的现金流。

　　战争最初几年，法国大力发行指券，用来强制支付军队的补给、费用及军饷。同时，指券也被用以支付战争所必需却十分高昂的劳工薪资。然而，这对固定的年金收入者而言是一个巨大的打击。于是，在手握国家商业命脉的地区，黑市泛滥成灾，自成另一平行的经济体系。1795年之后，对外扩张也为战争提供了资金来源——战败国被迫支付巨额资金，不少将军和政客也沾光发了横财。征服意大利便是一个突出的例证。

洗劫战败国

米兰　　布雷西亚

都灵　　克雷莫纳　普莱桑斯　帕尔马　摩德纳

阿基　　博洛尼亚

凯拉斯科　沃尔特里

奥尔梅阿　菲纳莱

罗阿诺　里窝那

皮耶沃　奥内伊

罗马

3 000　**4 000**

200 吨麻
200 000 尺呢绒
800 000 尺布料

1 000 000 升葡萄酒

150 000 双皮鞋

100 吨腌猪肉

60 吨扁豆

40 吨小麦

+100 件艺术品

+500 份手稿

法国 横征暴敛一例
1796年6月，与教皇国签订条约草案

那不勒斯

那不勒斯王国在英国海军的支持下反击法国，失败后被迫缴付巨额赔款。

医院
仓库
交纳赋税（百万法郎）

远征埃及，数据小结

400　**1 200**　**171**　**300**　**50 000**

没收马耳他骑士团财产及其他收入 **1.47**

收入 **66.32**

支出 **78.75**

从土伦港出发 **6.85**

在埃及征税 **58**

赤字 = 12.43

全面战争，
还是政治战争？

　　19世纪初期，克劳塞维茨提出"绝对战争"的概念，来描述革命战争带来的根本变革。这一概念非常模糊，且含有意识形态色彩，必须谨慎使用。近几十年，人们往往用"惨烈化"和"全面战争"的概念来描述法国大革命十年中的战争，认为它开启了一个新的战争模式。此外，20世纪30年代和40年代以来，法国革命期间的军队，也被视作苏联军队的早期样板。在此我们仅提供一些要点，可与此前的战争（宗教战争、欧洲的七年战争、美国独立战争或日本的战国之乱）进行比较及思考。18世纪中叶之后，英国明显革新了战术，在战斗中开始有针对性地摧毁敌军的舰队及有生力量。本书的数据显示了军队所受的人身限制及思想管控状况。通过这

些数据，我们可以看到战争的多面性。那些充满了好战色彩和毁灭威胁的言论，与战场上的实际情况并不完全符合；而且，全国范围内的动员既然把妇女排除在军队之外，自然也不够全面。而像旺代战争一样极端的军事行为，持续的时间非常有限，往往与权力中心的政治斗争同步。

　　法国大革命的战争被视作最早的全面战争，不仅是因为它史无前例的惨烈程度，更是因为它前所未有的意识形态色彩：共和国谋划并最终发动战争，旨在通过武力向欧洲输出其政治原则，建立其政治制度。

特派员
1793年4月9日

任命和解雇军官

逮捕和审判
有反革命嫌疑或意志不坚定的各级军官与士兵

建立革命法庭，任命法官，决定判决

决定军队的战斗及行军方向

征用军队所需各类物品，向嫌疑犯征税

语录……

歼灭战、战争、全面战争，还是绝对战争？

1793年4月5日
巴雷尔宣称："国民公会……共同宣誓，要么与你们共同赴死，要么彻底歼灭阴谋家、暴君及他们的走狗。"

1794年2月12日
巴雷尔指责旺代地区执行国民公会指令"野蛮又夸张"。

1794年6月25日
在沙勒罗瓦，圣茹斯特拒绝与敌军指挥官谈判，掷地有声地说："你我之间，毫无共同之处！"

宣传的作用

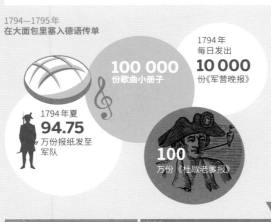

1794—1795年
在大面包里塞入德语传单

100 000
份歌曲小册子

1794年
每日发出
10 000
份《军营晚报》

1794年夏
94.75
万份报纸发至军队

100
万份《杜歇老爹报》

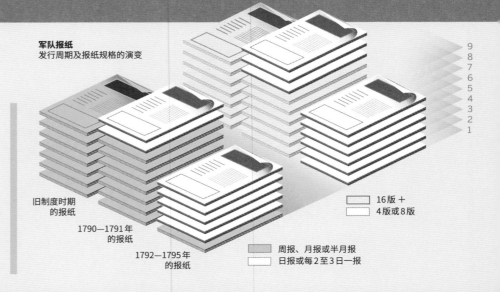

军队报纸
发行周期及报纸规格的演变

9
8
7
6
5
4
3
2
1

旧制度时期的报纸

1790—1791年的报纸

1792—1795年的报纸

16版 +
4版或8版

周报、月报或半月报
日报或每2至3日一报

1788	1789	1790	1791	1792	1793

1798年1月22日，6月12日
巴达维亚共和国 1795

锡斯莱茵共和国 1797

法国
1790年

1798年6月16日
海尔维第共和国 1798

1798年4月13日，12月10日
齐萨尔皮尼共和国 1797

1798年8月31日
利古里亚共和国 1797

罗马共和国 1799

帕特诺珀共和国 1799

"姐妹共和国"

清除当地政治人士
的亲法政变

1791—1793年吞并的领土
1794—1799年吞并的领土
占领区

"伟大的民族"

1792年11月，爱尔兰的几位"革命者"致函国民公会，表示很高兴有朝一日看到"你们的伟大民族将自由传遍欧洲"。

此举不难理解。5年之后，革命实施武力扩张，胜利者为自己的成功而欢庆。1797年，《意大利军队邮报》报道："伟大民族所到之处，恩泽普惠！吾国公民，何其幸福！"然而当地人是否普遍热爱法国，就值得怀疑了。最初，法国直接吞并领土；随后，它彻底改变政策，武力征服之后，在当地实施军事托管。法国认为邻国无力独立实现解放，其革命者也缺乏领导国家的能力。因此，法军以民族独立战争为名侵略他国，控制、劫掠、镇压当地的民众。

革命与征服

……部分史实

958
次军事行动
1792—1815年

132
场战役

479
场斗争

123
场围城战

包括

伤亡率（%）

							8.76	8.7
3	7.76	7.17	5.84	7.31	7			
1792	1793	1794	1795	1796	1797	1798	1799	

1792—1794年
203 000
人死亡

1795—1799年
230 000
人死亡

除了公布的死亡人数外，还有大量的战俘。如瓦尔密战役后，战争双方多次交换战俘。

220 000
名反法联军战俘

150 000
名法军战俘

52 000名法军
34 000名普鲁士军

军队
法军
奥军
撒丁军队

斯皮尼奥河

帕累托

代戈

盖罗

卡尔卡雷

蒙特诺特

萨塞洛

阿尔让多

阿尔塔里

莱齐尼

奥热罗

马塞纳

拉阿尔普

斯泰拉

萨沃纳

蒙特诺特之战
新战术

两支法军位于萨沃纳和热那亚的沿海公路一线。一部防卫斯泰拉，拉阿尔普将军率主力迎击奥军的阿尔让多。奥热罗将军所部整编为纵队，居高临下，趁雾发动攻击。4月12日清晨，浓雾散尽之时，敌军几乎全部陷入包围圈，被迫向帕累托方向撤退。法军的机动性强，完成了分散敌军的战斗目标，切断了撒丁王国军队与盟友奥地利军队之间的联系。

| 4 | 1795 | 1796 | 1797 | 1798 | 1799 |

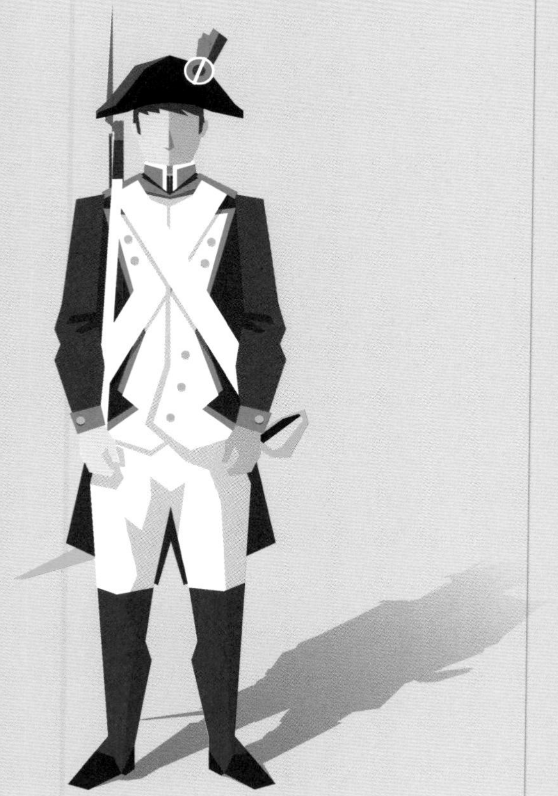

第三章
对抗与竞争

什么是"恐怖统治"？

罗伯斯庇尔、恐怖统治和断头台，构成了法国大革命标志性的"铁三角"，但我们不能简单地将三者分别视作一个典型的革命者形象、一场政治暴力运动，和一台用于斩首的机器。我们应该回到基本的历史事实，从而厘清三个问题：断头台发明的历史背景是什么？革命者之间的政治冲突何以恶化，而后导致了巴黎乃至全国范围内的血腥镇压？罗伯斯庇尔又是怎样变成了推出"恐怖政策"的"恶魔"？

断头台

断头台完美地彰显了法国大革命的血腥一面。然而，纵使拥有这套设施，革命的法国也并非暴力的专享者。1798—1799年，在法国的支持下，爱尔兰天主教徒发动起义，英国当局并没有用断头台来处决这批传统意义上的"叛乱"者（包括法国的援军）。设计断头台的目的，本是为了减轻死囚的痛苦，但它被置于木板搭建的高台之上，将死刑转化为一台大戏。这一点扭曲了发明者的初衷，将民众的注意力又拉回暴力本身，断头台也变为革命法庭的象征——即使死于断头台上的人数远低于惨遭屠杀、溺毙和枪决的人数……

欧洲的死刑

形式繁多
· 火刑
· 轮刑
· 绞刑
· 斩首
· 车裂
· 鞭刑
· 1772年，丹麦首相施特林泽被罢黜后惨遭肢解。

18 世纪死刑的判决人数
1789 年之前

英国 **220**　　法国 **115**

废除或限制死刑的国家

奥地利
1781 年之后，奥地利皇帝（安托瓦内特王后兄长）特赦大批死囚。

俄国
在伊丽莎白女皇的推动下，曾在1741—1762年废除死刑。

托斯卡纳
1786 年

| 1788 | 1789 | 1790 | 1791 | 1792 | 1793 |

1789年以前的**法国**

争论

1789年12月1日
议员吉约坦提议改革死刑流程，
建议用机器执行死刑。

1791年5月30日—6月1日
制宪议会讨论是否废除死刑。佩蒂翁举例，
提及判决死刑较多的日本和废除死刑的托斯卡纳。
罗伯斯庇尔、迪波尔，和不在议员之列的布里索
均反对死刑。然而，酷刑虽被废除，但死刑最终
仍被保留下来。32项罪名可判处死刑。

1791年10月6日
刑法规定："死刑意即剥夺生命权。行刑时，不得
折磨死刑犯。"
"所有死刑犯一律斩首。"

此前

在欧洲，人们发明了不少执行死刑的机械，
例如意大利的"马娜亚刀"（Mannaia）、
英国的"哈利法克斯断头机"（Halifax Gibbet）
及苏格兰的"苏格兰女士"（Maiden）。

形成过程

1792年3月7日
路易医生向议会提交动议。

1792年3月20日
法案确定使用断头台。

1792年4月17日
由托比亚斯·施密特制造的首部断头台（造价960
锂）首次投入实验。在巴黎比塞特医院，
几具尸体成为试验品。

1792年4月25日
法国各省均获得一部造价880锂的断头台。
自此，每省只需一名刽子手便可执行大量的
死刑判决。1793年，昂热的刽子手每次行刑的
报价为50锂。

歧途

囚车把死刑犯送往断头台，这一过程变成了
一种奇观。沿途的观众日后被称为
"断头台的舐血者"。

改革之路

1788年5月8日
路易十六
废除"预审"
（严刑逼供）

在法国，每年处死
900 ～ 1000 人
人数逐年减少

160
名刽子手
巴黎的桑松家族
于1688—1847年
始终子承父业。

**死刑改革并未废除死刑，只限制
了死刑人数。**卢梭在《社会契约
论》中写道："每个刑事犯罪都
是在攻击破坏社会权利，这种犯
罪，使他成为国家的叛徒和出
卖者。……国家的生存因此不再
和他的生存相容，两者必去其一。
当刑事犯死刑时，他不是公民，
而是公敌。"

断头台
在死刑处决中的作用

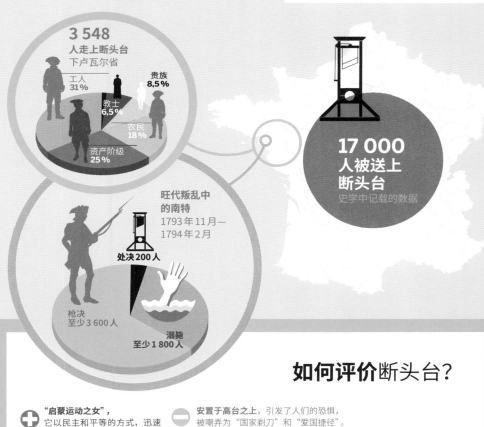

3 548
人走上断头台
下卢瓦尔省

工人 **31 %**
贵族 **8,5 %**
教士 **6,5 %**
农民 **18 %**
资产阶级 **25 %**

旺代叛乱中
的南特
1793年11月—
1794年2月

处决200人

枪决
至少3 600人

溺毙
至少1 800人

17 000
人被送上
断头台
史学中记载的数据

如何评价断头台？

➕ **"启蒙运动之女"，**
它以民主和平等的方式，迅速
执行死刑。

➕ 作为进入工业时代的象征，
这一器械有效避免了死刑犯**所
遭受的痛苦。**

➖ **安置于高台之上，**引发了人们的恐惧，
被嘲弄为"国家剃刀"和"爱国捷径"。

➖ **死刑犯行刑前在城内游街示众，**围观者得以发泄怨恨，
政府则借此操纵民意。

➖ **将无情的器械神圣化为**"圣断头台""红色弥撒"
"平等之镰""自由之剑"。

94 | 1795 | 1796 | 1797 | 1798 | 1799

1792—1794年：国家紧急状态

1792年到1794年究竟发生了什么？200年之后，这个答案仍莫衷一是。暴力针对革命的敌人，包括保王党、吉伦特派、阿尔萨斯人、巴斯克人、旺代人……这些暴力行动是否由国民公会精心策划，是否就是"恐怖政策"呢？还有一种假设：议会本打算在全国发动总动员，宣布国家进入紧急状态；随后局面失控，只得听任某些议员和相当一部分无套裤汉变本加厉，将情势引入歧途。该假设成立吗？就此，我们需要回顾史实，尤其关注那些萌发于巴黎，最终导致全法高压政策的政治斗争。"恐怖政策"最早由一些无套裤汉提出，因此必须分析各党派及主要政治人物与"恐怖政策"的关系。这一过程并不简单。须知，某些人日后信誓旦旦地将"恐怖政策"的制定推到罗伯斯庇尔身上，当年却是政策的狂热支持者；而罗伯斯庇尔本人，对此反倒有所保留。

1792年的九月大屠杀使政治领袖们深受震动，此后一度在采取强硬政策时犹豫不决。1793年夏季，在外敌与旺代叛军内外夹击之下，他们终于决定依靠渴望实施"恐怖政策"的无套裤汉。"恐怖"一词非常含混，缺乏清晰的定义。1793年9月，国民公会议员仍拒绝将"恐怖政策"提上议事日程，但事实上已默许了一些血腥却无效的镇压行动。此时，由无套裤汉领袖樊尚控制的国防部向旺代地区派遣大军平叛。1793年秋至1794年初，成千上万人被以各种方式处死。1794年3月至4月，国民公会夺回军队的控制权，将司法审判权收归巴黎。此举限制了外省的处刑，但使巴黎成为死刑最集中之地。

各种**镇压**行动

1792	5月	宣布全境进入封锁状态。
	7月11日	"处于危险边缘的国家"允许征用各种物资及监督各类人群。
1793	3月8日—9日	**由非军事人员构成的中央政权集中权力。**
	3月10日	大权独揽的特派员前往各地。
	3月18日	建立特别刑事法庭。
	3月19日	提出分割财产的要求可能被判死刑。
		判处所有反对革命者死刑。
	5月31日—6月2日	**无套裤汉要求实施"恐怖政策"。**
	8月30日	国民公会清洗吉伦特派。
	9月4日—5日	鲁瓦耶要求"恐怖政策"提上议事日程。
		无套裤汉游行向国民公会示威。国民公会将其整编为"革命军"，未进行暴力镇压，避免立即实施"恐怖政策"。
		无套裤汉从此丧失独立性。
		极端分子在外省进行残酷镇压。
		无套裤汉来到旺代。在里昂、马赛、土伦、波尔多、南特和圣艾蒂安等地，激进的特派员表现引人注目。
		各军事委员会大量判处反革命派死刑。
	12月4日	**国民公会将镇压的权力集中到自己手中。**
		国民公会及各委员会集中权力，削弱特派员的实权。
		除巴黎外，撤销各地"革命军"。
		撤销巴黎法院之外的法庭（奥朗日和阿拉斯除外）。
		3月至4月，大批无套裤汉领袖被处决，送上断头台的人数剧增。
1794	牧月22日 （6月10日）	**罗伯斯庇尔一党大权独揽，引起其政敌不满。**
		牧月法案威胁到所有议员。
		监狱阴谋：反对派操纵司法。
	热月9日—10日	**罗伯斯庇尔被判处死刑。**

面对旺代叛乱

面对外省的镇压行动

面对恐怖政策

处于权力边缘

态度暧昧者

政客

德穆兰 丹东 卡诺 巴雷尔

圣茹斯特

罗伯斯庇尔

科洛·德布

军事委员会

委员会由若干军官组成，有权在紧急情况下审判囚犯。囚犯一旦被认定为"反革命"即遭处决。1793年7月10日，特派员布尔博特、塔利安和杜罗在昂热成立军事委员会，皮埃尔·马蒂厄·帕兰任主席。

200 人在索米尔被处决

至少 **5 000** 人在阿福里耶、杜埃、塞桥和索米尔被处决

1793年12月31日，军事委员会回到昂热。1794年5月9日，委员会解散

共判处死刑6 000例以上

卡里耶在南特
替罪羊

身为当地革命委员会的负责人，
卡里耶身兼数职，同时担任革命法庭的法官。
他任命勒努瓦担纲一个下属委员会主席，
而比尼翁主持一个军事委员会。马拉联队负责
逮捕嫌犯；美洲轻骑兵和山岳侦察兵
负责在乡村实施残酷镇压和处决死囚。

75

溺毙和草率的
死刑判决，
**造成
数千人死亡**

1794年夏

热月政变

重回
权力巅峰

月转折

重掌军队大权
听任杜罗的
"地狱纵队"
在旺代屠杀

重掌
军队大权

逐出政坛

将镇压大权
集中于巴黎

挫败罗伯斯庇尔

放弃无套裤汉

绝

拒绝

召回巴黎

拒绝

支持无套裤汉

召回巴黎

定派

残酷镇压

激进派

伸约-瓦伦

塔利安

无套裤汉
主导旺代平叛

卡里耶

暴力派

里昂暴乱

巴拉斯

埃贝尔

富歇

无套裤汉

入狱

樊尚

要求采取
"恐怖政策"

龙桑

忿激派

鲁

旺代军

巴黎革命军

1793年夏

1794

拒绝 拒绝恐怖政策

军事行动

冲突

救国委员会成员

态度暧昧

登上或重回权力巅峰

无套裤汉成员

"恐怖分子" 罗伯斯庇尔

为什么罗伯斯庇尔之死被视作法国革命史的转折点？为什么这位公认最具权力的人物上午刚被控告，当天晚上就被逮捕，次日即被执行死刑？ 1794年7月27日（热月9日），这一转折点的到来并不是事先精心谋划好的。它起因于一场充满不确定性的冲突。当时，反对阵营尚未清晰形成。事发一个月之后，人们才指责罗伯斯庇尔是"恐怖政策"的始作俑者。也就是从这时起，所有历史被重新书写，罗伯斯庇尔作为"恐怖分子"的黑色传说方才成型。作为他的政治对手的热月党人，通过控诉其"制造恐怖"的罪行，打造其"恶魔"形象，从而使人们遗忘自己在波尔多、里昂及马赛大屠杀中的罪责。

当然，我们还需要理解罗伯斯庇尔采取的政策，何以造成这一局面。他的施政方针复杂多变，缺乏明确性；他清除无套裤汉和丹东派，令人耻笑；而他和党羽们大权独揽，又会激起人们的不安。罗伯斯庇尔的抱负和目标，激化了国民公会诸多成员对他的怨恨与恐惧。于是，罗伯斯庇尔被他们送上了断头台，正如他当年对待埃贝尔和丹东一般。最后应该补充一点：塔利安将罗伯斯庇尔与1792—1794年的"恐怖统治"画上了等号，此举可谓大获成功。直至今日，我们仍在继承这一"历史遗产"。

1794年的政府

任命或监督

罗伯斯庇尔的政治盟友控制的机构

山岳派的国民公会

救国委员会

公安委员会　　财政委员会　　各行政委员会

革命法庭　　巴黎公社　　国民自卫军　　雅各宾俱乐部

与迪波尔、佩蒂翁和布里索**一同要求废除死刑。**

捍卫信仰自由，反对去基督化。
反对富歇和科洛·德布瓦在里昂的血腥镇压。与巴雷尔一起打造小巴拉的烈士形象，取代"自由的殉难者"。

与巴雷尔一起反对**将"恐怖政策"提上议事日程，**保住73名吉伦特派议员的性命。

反对忿激派领袖**雅克·鲁。**

"恐怖"与"美德"：
他要求各委员会成员克制暴力。
将卡里耶召回巴黎，抨击其在南特的作为。

将革命法庭置于救国委员会的控制之下。

两次反对**"恐怖制度"。**

1791　1792　1793　1794

J F M A M J J A S O N D J F M A M J J A S O N D J F M A M J J A S O N D J F M A M J J A S O N D

罗伯斯庇尔与暴力
复杂的历程

赞同九月大屠杀。

呼吁不经审判直接**处死国王。**

建议处死"提倡和敌人做交易的任何人"。

赞同立即处死两名布列塔尼的反革命者。

推动处死丹东一党。

推动处死无套裤汉领袖。

要求处死"人民公敌"，在"非常情况"下保护"好公民"。

要求特派员在里昂"严苛无情地执行我们发给你的救国法令"。

牧月22日法案
该法案重申救国委员会已发布的法令，强化中央集权，加强对各委员会的控制，但并非真正确立"恐怖统治"。事实上，议员相当排斥"恐怖"一词。不过对反罗伯斯庇尔的议员而言，法案赋予了罗伯斯庇尔过大的权力。瓦迪埃就利用该法案，将自己的敌人送上了断头台。

罗伯斯庇尔派

坚定的反对派

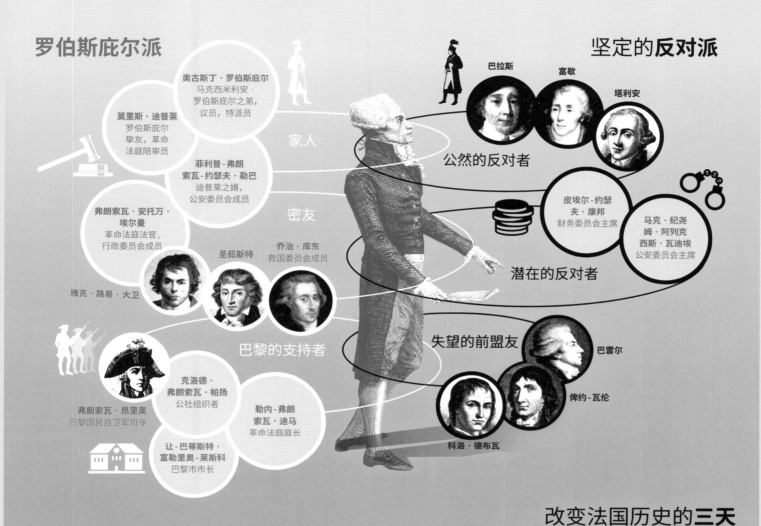

奥古斯丁·罗伯斯庇尔
马克西米利安·罗伯斯庇尔之弟，议员，特派员

莫里斯·迪普莱
罗伯斯庇尔挚友，革命法庭陪审员

菲利普-弗朗索瓦-约瑟夫·勒巴
迪普莱之婿，公安委员会成员

弗朗索瓦·安托万·埃尔曼
革命法庭法官，行政委员会成员

圣茹斯特

乔治·库东
救国委员会成员

雅克·路易·大卫

弗朗索瓦·昂里奥
巴黎国民自卫军司令

克洛德·弗朗索瓦·帕扬
公社组织者

勒内-弗朗索瓦·迪马
革命法庭庭长

让-巴蒂斯特·富勒里奥-莱斯科
巴黎市市长

家人

密友

巴黎的支持者

巴拉斯

富歇

塔利安

公然的反对者

皮埃尔-约瑟夫·康邦
财务委员会主席

马克·纪尧姆·阿列克西斯·瓦迪埃
公安委员会主席

潜在的反对者

失望的前盟友

巴雷尔

俾约-瓦伦

科洛·德布瓦

改变法国历史的三天

热月8日

11:00 国民公会大会上，罗伯斯庇尔号召民众清除一个"无赖联盟"，大权在握的财务委员会主席康邦首其当冲。康邦指责罗伯斯庇尔"瘫痪国民公会的意志"。

21:00 塔利安和富歇寻找反对罗伯斯庇尔的政治盟友。康邦写道："明天，罗伯斯庇尔或我，两者中必死一人。"救国委员会内部，圣茹斯特属文准备和解。

热月9日

8:00 卡诺和巴雷尔解除昂里奥巴黎国民自卫军司令一职，控制马尔斯学院。一小时之后，各委员会联合召见富勒里奥和帕扬。

11:00 国民公会上，圣茹斯特的发言甫一开始即被打断，罗伯斯庇尔的发言被阻止。近午时分，巴雷尔获得迪马和昂里奥的逮捕令。签发罗伯斯庇尔的逮捕令。库东、勒巴、圣茹斯特和奥古斯丁的名字也在逮捕令上。

15:00 在市政厅，帕扬、富勒里奥和昂里奥召集巴黎国民自卫军，封锁关卡。只有1/3的地区响应。

17:00 罗伯斯庇尔一党被押往公安委员会。昂里奥离开市政府准备营救，却被逮捕。

20:00 卢森堡宫看守拒绝收监罗伯斯庇尔。罗伯斯庇尔被押往西岱岛上的巴黎市政府所属的一幢建筑看管。

21:00 在市政厅，公社按兵不动。两小时之后，罗伯斯庇尔到达市政厅，仍无任何行动的命令发布。国民公会宣布罗伯斯庇尔为"法外之徒"。

热月10日

2:00 国民公会委派议员巴拉斯和布尔东，率领一支国民自卫军进攻市政厅，该部中也有无套裤汉参与。罗伯斯庇尔受伤，和其战友一同被俘。

4:00 两部囚车押送22名死囚前往革命广场的刑场。

6:30 罗伯斯庇尔倒数第二个被送上断头台，后其尸体被运往穆索科公墓。次日，巴雷尔宣称罗伯斯庇尔为"暴君"和"独裁者"。

头号公敌：旺代

1793年2月—3月，
法国的反革命

　　1793年2月，国民公会决定"总动员300 000人"，要求每一村镇各派遣一队青年人赴前线抗敌。就此，法国四分之一的国土均爆发骚乱。大部分的骚乱很快被平定，只有卢瓦尔河畔南岸的旺代地区例外。在这里，共和国驻军兵力不足，马尔塞将军又缺乏军事才能。山岳派借机指责吉伦特派"叛国"，国民公会看到了"旺代战争"的苗头。

　　旺代很快变成共和国的头号公敌。各路正规军和志愿兵陆续被派往旺代，冲突愈演愈烈。由于吉伦特派、山岳派和无套裤汉之间矛盾重重，而某些部队战斗力低下，甚至只为劫掠而来，叛乱的天主王军在1793年9月以前一度控制了大片地区。同年夏天，国民公会发表激进演讲，要求彻底歼灭"旺代盗匪"。

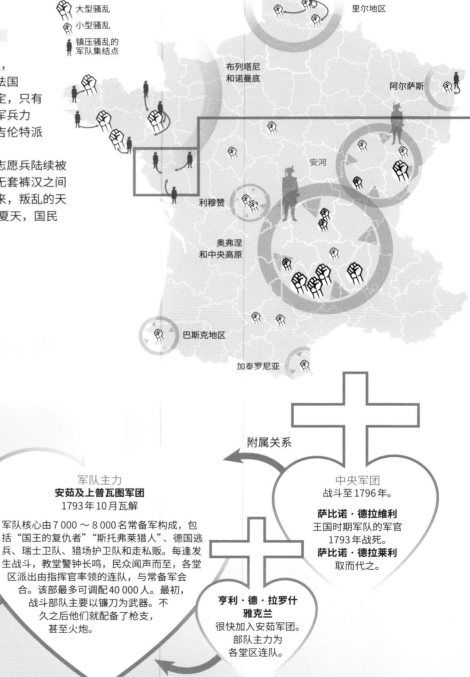

1793年3月骚乱
- 大型骚乱
- 小型骚乱
- 镇压骚乱的军队集结点

里尔地区

布列塔尼和诺曼底

阿尔萨斯

安河

利穆赞

奥弗涅和中央高原

巴斯克地区

加泰罗尼亚

天主王军

最高委员会
1793年5月至8月位于沙蒂永城，拥有理论上的指挥权。

雷茨军团
战斗至1796年。
夏雷特
王国时期军队的军官
1796年被枪决。

相对独立

军队主力
安茹及上普瓦图军团
1793年10月瓦解

军队核心由7 000～8 000名常备军构成，包括"国王的复仇者""斯托弗莱猎人"、德国逃兵、瑞士卫队、猎场护卫队和走私贩。每逢发生战斗，教堂警钟长鸣，民众闻声而至，各堂区派出由指挥官率领的连队，与常备军会合。该部最多可调配40 000人。最初，战斗部队主要以镰刀为武器。不久之后他们就配备了枪支，甚至火炮。

亨利·德·拉罗什雅克兰
很快加入安茹军团。部队主力为各堂区连队。

附属关系

中央军团
战斗至1796年。
萨比诺·德拉维利
王国时期军队的军官
1793年战死。
萨比诺·德拉莱利
取而代之。

1789　　1790　　1791　　1792　　1793

反革命地区的诞生和巅峰

圣纳泽尔
潘伯夫 ⊙ 3月13日—14日
昂斯尼
昂热
索米尔
波尔尼克 ✝ 3月13日, 27日
卢瓦尔河
南特
克里松
4月11日
10月13日 ⊙ 4月24日
马什库勒
绍莱 10月17日
9月18日 3月14日
3月11日, 6月16日
泰兹-塞提耶 9月19日
蒙泰居
沙朗
莱塞比耶
圣菲尔让 9月23日
图阿尔
圣吉尔-克鲁瓦-德维
布雷叙尔
5月
永河畔拉罗什
⊙ 3月24日
莱萨布勒-多洛讷
吕松 ⊙ 8月
5月
丰特奈-勒孔特
拉罗谢尔

阿尔芒-路易·德·贡托·比隆
1747—1793
大贵族，共和国军事统帅，因为他立场温和，被革命法庭送上断头台。

让-巴蒂斯特·卡米耶·德·康克洛
1740—1817
职业军人，南特城守将，因贵族出身被罢黜。死前加入复辟的波旁王朝阵营。

让·安托万·罗西尼奥尔
1759—1802
平民出身，"巴士底狱的征服者"，巴黎起义公社成员。晋升将军之后，他接替康克洛之职。1802年死于流放中。

亨利·德·拉罗什雅克兰
1772—1794
王国时期曾任军官，第三任总司令，10月至12月领导全军，1794年战死。

雅克·约瑟夫·卡特利诺
1759—1793
曾为车夫，叛军首任总司令，5月至7月领导全军，因伤重不愈而亡。

莫里斯·德·埃尔贝
1752—1794
第二任总司令，王国时期曾任军官，7月至10月领导全军，1794年被枪决。

图例：共和国军队军营；共和国军队获胜；旺代叛军获胜；叛乱爆发；旺代叛军6月至7月攻势；共和国军队9月攻势；共和国军队10月攻势；旺代叛军控制地区；双方反复争夺地区；共和国控制地区

旺代叛军各部联合，成立名义上的指挥机构——最高委员会。叛军先后攻陷图阿尔、索米尔、昂热和丰特奈-勒孔特，但均未能坚守住。在南特和吕松，叛军未能取胜，也未能控制潘伯夫至莱萨布勒-多洛讷之间的海岸线沿岸地区。所谓"旺代叛乱区"的地域并不明确：在反革命派的核心区域（勒瑞、旧圣弗洛朗、勒潘-昂莫日、莱塞比耶一带）之外，双方数万大军反复争夺，地区边界持续变动。共和国内部展开的残酷斗争，使反革命地区得以稳固长达数月之久。吉伦特派被清洗，包括比隆将军（前公爵）在内的许多人被送上断头台。山岳派缺乏指挥，又未得到无套裤汉的支持，连续在几场大战中败北。9月之后，旺代战场上只剩下无套裤汉主导的军队。此时，无套裤汉也控制了国防部，鼎力支持军队发起全面反攻，一举扭转了战局。共和国军队在绍莱获胜，叛军撤往卢瓦尔河北岸，实施"西北风之行"军事方案。1793年10月之后，旺代战争的性质发生变化，由大规模战役演变为一系列时间较短却异常残酷的战斗。

79

战斗与镇压，1793—1794年

1793年10月之后，旺代地区的天主王军主要集结于森林和城堡工事一带。共和国的杜罗将军在农村四处派出"放火纵队"，打算全面摧毁"旺代盗匪"。国民公会对此其实是默许的。某些将领没有明确的计划，毫无目的地大肆破坏，犯下诸多罪行。莱莫日地区和博卡日地区为祸最烈。1794年2月，夏雷特和斯托弗莱率数百人挫败共和国军队。3月之后，国民公会放弃杜罗的战术，自4月起寻求与叛军议和。数月的游击战给旺代地区留下满目疮痍。许多村庄被焚毁，不少城市（绍莱、布雷叙尔、沙蒂永等）在拉锯战中遭到严重破坏。损失的具体数字始终存在争议，但无论如何均非常巨大。

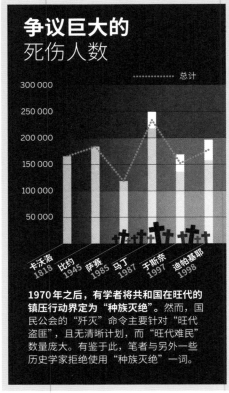

争议巨大的 死伤人数

········· 总计

300 000	
250 000	
200 000	
150 000	
100 000	
50 000	

卡沃洛 1818 ｜ 比约 1945 ｜ 萨赛 1985 ｜ 马丁 1987 ｜ 于斯奈 1997 ｜ 迪帕基耶 1998

1970年之后，有学者将共和国在旺代的镇压行动界定为"种族灭绝"。然而，国民公会的"歼灭"命令主要针对"旺代盗匪"，且无清晰计划，而"旺代难民"数量庞大。有鉴于此，笔者与另外一些历史学家拒绝使用"种族灭绝"一词。

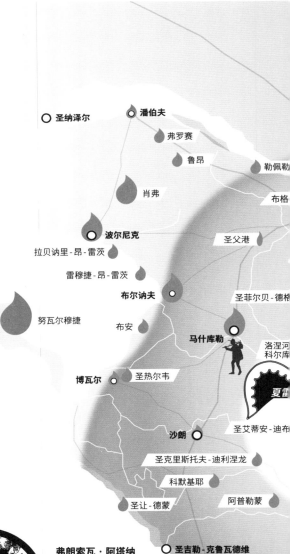

圣纳泽尔　潘伯夫
弗罗赛
鲁昂　勒佩勒
肖弗　布格
波尔尼克
圣父港
拉贝讷里-昂-雷茨
雷穆捷-昂-雷茨
布尔讷夫　圣菲尔贝-德
努瓦尔穆捷
布安
马什库勒
洛涅河
科尔库
博瓦尔　圣热尔韦
夏雷
圣艾蒂安-迪布
沙朗
圣克里斯托夫-迪利涅龙
科默基耶
阿普勒蒙
圣让-德蒙
圣吉勒-克鲁瓦德维
拉莫特-阿沙
莱萨布勒多洛讷

80

◉ 共和国军队的胜利
✝ 旺代叛军的胜利

格朗维尔 11月13日
富热尔
马耶讷
雷恩
勒芒 12月13日
昂特拉姆
萨沃奈 12月23日
昂热
南特
圣弗洛朗
绍莱 10月17日
维耶
布雷叙尔
吕松

路易·马里·杜罗·德·利尼埃
1756—1816
杜罗志愿加入国民自卫军后，因功升为将军。他的一切均来自法国大革命。1794年，作为西部军团司令，他四下派出"放火纵队"（"地狱纵队"），一度被解除军权，而后入狱，在拿破仑帝国时代东山再起。

弗朗索瓦·阿塔纳兹·夏雷特·德·拉孔特里
1763—1796
小贵族出身，前海军军官。1794年之后成为叛军主要领袖。1796年，在南特被枪决。

让-尼古拉·斯托弗莱
1753—1796
职业军人，出色的组织者。1794年起盘踞于莱莫日地区。1796年在昂热被枪决。

"西北风之行"

绍莱战败之后，数万名叛军向格朗维尔转移，寻求英军的援助。多次血战之后，大军掉头向旺代撤退，于勒芒大败，最终在萨沃奈被全歼。成千上万的战俘被押往南特和昂热等城市处决。

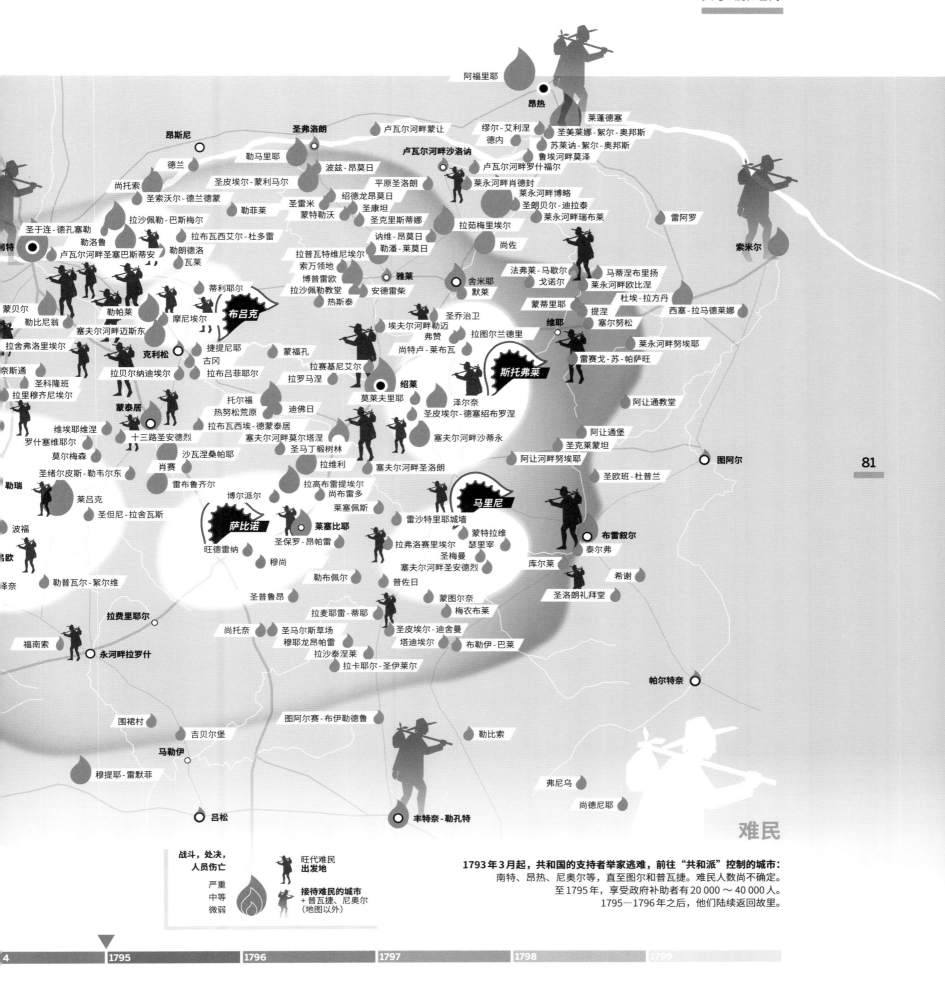

阿福里耶

昂热

莱蓬德塞

昂斯尼

圣弗洛朗

卢瓦尔河畔蒙让

缪尔 - 艾利涅

圣美莱娜 - 絮尔 - 奥邦斯

苏莱讷 - 絮尔 - 奥邦斯

德内

勒马里耶

波兹 - 昂莫日

卢瓦尔河畔沙洛讷

鲁埃河畔莫泽

德兰

尚托索

圣皮埃尔 - 蒙利马尔

平原圣洛朗

卢瓦尔河畔罗什福尔

莱永河畔肖德封

圣索沃尔 - 德兰德蒙

圣雷米

绍德龙昂莫日

莱永河畔博略

雷阿罗

勒菲莱

蒙特勒沃

圣康坦

圣朗贝永河畔瑞布莱

拉沙佩勒 - 巴斯梅尔

圣克里斯蒂娜

圣于连 - 德孔塞勒

拉布瓦西艾尔 - 杜多雷

讷维 - 昂莫日

拉茹梅里埃尔

索米尔

勒洛鲁

拉普瓦特维尼埃尔

勒潘 - 莱莫日

尚佐

卢瓦尔河畔圣塞巴斯蒂安

索万领地

法弗莱 - 马歇尔

马蒂涅布里扬

博普提欧

舍米耶

戈诺尔

莱永河畔欧比涅

勒朗德洛

瓦莱

蒂利耶尔

拉沙佩勒教堂

雅莱

默莱

蒙蒂里耶

杜埃 - 拉方丹

布吕克

热斯泰

安德雷柴

维耶

塞尔努松

西塞 - 拉马德莱娜

蒙贝尔

勒帕莱

摩尼埃尔

捷提尼耶

圣乔治卫

埃夫尔河畔勒迈

塞尔努松

勒比尼翁

塞夫尔河畔迈斯东

古冈

蒙福孔

弗赞

拉图尔兰德里

雷赛戈 - 苏 - 帕萨旺

拉舍弗洛里埃尔

克利松

拉贝尔纳迪埃尔

拉布吕菲耶尔

尚特卢 - 莱布瓦

斯托弗莱

奈斯通

拉罗马涅

绍莱

圣科隆班

托尔福

迪佛日

莫莱夫里耶

泽尔奈

阿让通教堂

圣里穆齐尼埃尔

蒙泰居

热努松荒原

圣皮埃尔 - 德塞绍布罗涅

维埃耶维涅

拉布瓦西埃 - 德蒙泰居

塞夫尔河畔莫尔塔涅

阿让通堡

罗什塞维耶尔

十三路圣安德烈

圣马丁橡树林

塞夫尔河畔沙蒂永

圣克莱蒙坦

莫尔梅森

肖赛

沙瓦涅桑帕耶

拉维利

阿让河畔努埃耶

图阿尔

圣绪尔皮斯 - 勒韦尔东

雷布鲁齐尔

塞夫尔河畔圣洛朗

圣欧班 - 杜普兰

勒瑞

莱吕克

拉高布雷提埃尔

马里尼

波福

圣但尼 - 拉舍瓦斯

博尔派尔

尚布雷多

布雷叙尔

泽奈

萨比诺

莱塞佩斯

雷沙特里耶耶城墙

泰尔弗

勒普瓦尔 - 絮尔维

旺德雷纳

圣保罗 - 昂帕雷

莱塞比耶

蒙特拉维

希谢

瑟里宰

拉弗洛赛里埃尔

库尔莱

穆尚

圣梅曼

圣洛朗礼拜堂

拉费里耶尔

圣普鲁昂

塞夫尔河畔圣安德烈

福南索

永河畔拉罗什

尚托奈

圣马尔斯草场

普佐日

蒙图尔奈

拉麦耶雷 - 蒂耶

圣皮埃尔 - 迪舍曼

梅农布莱

穆耶龙昂帕雷

塔迪埃尔

布勒伊 - 巴莱

拉沙泰涅莱

围裙村

吉贝尔堡

图阿尔赛 - 布伊勒德鲁

拉卡耶尔 - 圣伊莱尔

勒比索

马勒伊

穆提耶 - 雷默菲

弗尼乌

尚德尼耶

吕松

丰特奈 - 勒孔特

帕尔特奈

难民

1793 年 3 月起，共和国的支持者举家逃难，前往"共和派"控制的城市：
南特、昂热、尼奥尔等，直至图阿和普瓦捷。难民人数尚不确定。
至 1795 年，享受政府补助者有 20 000 ～ 40 000 人。
1795—1796 年之后，他们陆续返回故里。

81

4   1795   1796   1797   1798   1799

旺代记忆：无尽的战争

时至21世纪，旺代战争仍是人们争论不休的话题。史实往往含混不清，缺乏可靠的史料来源，甚至缺乏证据。1793年3月起，共和国方面的宣传总是夸大旺代的威胁和自己的军事胜利；到了1795年之后又把所有的暴力镇压都归咎于罗伯斯庇尔和无套裤汉。然而，旺代已经闻名整个欧洲，成为不少政治家的话题，更是艺术家和文学家的灵感来源。1815年波旁王朝复辟之后，保王党人又夺取了舆论宣传的阵地，以旺代为主题的纪念品、画作、书籍和宣传手册，不胜枚举；此外，与之相关的宗教仪式、纪念活动和彩绘玻璃窗，也在不少数。共和派和保王党的历史学家各自出版了至少数万页的史学巨作，满满的学究气，但政治立场鲜明。旺代展现了另一部法国历史。20世纪，亲旺代的史学潮流终于占尽了上风。狂人国历史主题公园历史大戏的成功，以及法国革命200周年的论战，都加深了围绕这一历史记忆的对立情绪。事实上，这一记忆从未被遗忘，永远留在法国国民的身份认同之中。

1800年
拿破仑封禁首批
与旺代叛乱史相关的图书。

1820年
大量回忆录面世。

1793—1795年
旺代叛乱进行时！
大卫的名画《巴拉之死》面世。

1826年
叛军将领尚的
雕塑面世。雕塑家
昂热的大卫本人
日后成为激进的共和党。

1847年之后
包括儒勒·米什莱在内的共
和派史学家针对旺代叛乱发
出自己的声音。

1795年之后
欧洲开始关注旺代的牺牲情况。

1815年
《拉罗什雅克兰夫人回忆录》
登上畅销书榜首。

1860年
若干旺代人保卫教皇国
与那不勒斯王国。

浪漫主义画家乐于创作
旺代主题作品，但常将
其与朱安党混为一谈。

1817年之后
国王定制以旺代叛军
首领为主题的画作。

1832年
贝里公爵夫人起义使
旺代广为人知。

1790　1800　1810　1820　1830　1840　1850　1860　18

82

在共和派的史学框架下，所有旺代人都是革命的敌对者——这是一个背叛共和国的群体。而在保王党的史学家眼中，旺代遭受了以可憎的意识形态为名的洗劫，所有的共和派和革命者都应该为这一惨祸负责。下图将展现两大阵营内各自偏好选择的史学主题。

不久以前，共和派史学界迟迟未进行旺代平叛的相关研究。 在整个19世纪，共和派史学家满足于将镇压叛乱期间发生的不幸归咎于无套裤汉、卡里耶、杜罗和罗伯斯庇尔。直至今日，这些人作为"问题制造者"的角色，往往很少引起争议。史学家借旺代叛乱的话题，揭露阴谋颠覆政权的贵族，指责教士利用农民的无知推波助澜。他们的著作强调非此即彼的政治对立。因此，除了在某些地方性的史学专著中，吉伦特派于1793年坚决捍卫共和国的功绩几乎不被承认，该派的康克洛将军和特拉沃将军，倒是得以逃脱了简单粗暴的二分法归类。至于奥什将军和马尔梭将军，他们执行严厉的镇压政策，向来卖力得很，却始终被掩盖在其军事胜利的光环之中——两人英年早逝或许也是一个重要原因。该派中真正毫无争议的英雄人物，只有小巴拉一人。然而问题在于，在被罗伯斯庇尔和巴雷尔"制造"出来之前，小巴拉唯一明确的事迹，就是1793年12月被旺代叛军杀害。

记忆

"刽子手" 或 "英雄"

拉扎尔·奥什

让-米歇尔·贝塞

约瑟夫·巴拉
事迹不确定的小英雄
幼年即被夺去生命

勒内·加斯东·巴
科·德·拉沙贝尔

皮埃尔·奥多丁

让-皮埃尔·
特拉沃

让-巴蒂斯特·卡里耶

路易·马里·杜
罗·德·利尼埃

马克西米利
安·罗伯斯庇尔

让-巴蒂斯特·
卡米耶·德·康
克洛

无套裤汉

1790　1791　1792　1793

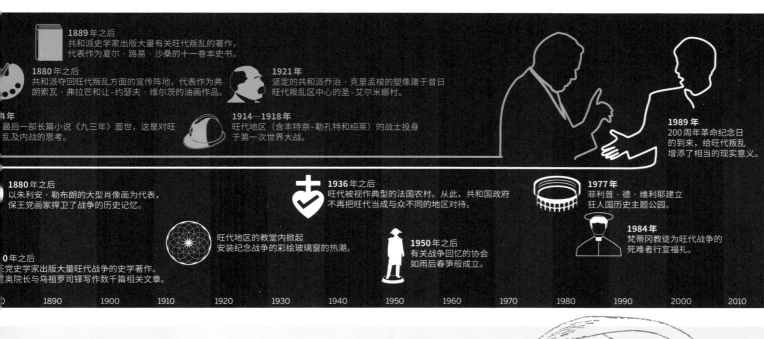

1889 年之后
共和派史学家出版大量有关旺代叛乱的著作，代表作为夏尔·路易·沙桑的十一卷本史书。

1880 年之后
共和派夺回旺代叛乱方面的宣传阵地，代表作为弗朗索瓦·弗拉芒和让-约瑟夫·维尔茨的油画作品。

1921 年
坚定的共和派乔治·克里孟梭的塑像建于昔日旺代叛乱区中心的圣-艾尔米娜村。

4 年
最后一部长篇小说《九三年》面世，这是对旺乱及内战的思考。

1914—1918 年
旺代地区（含丰特奈-勒孔特和绍莱）的战士投身于第一次世界大战。

1989 年
200 周年革命纪念日的到来，给旺代叛乱增添了相当的现实意义。

1880 年之后
以朱利安·勒布朗的大型肖像画为代表，保王党画家捍卫了战争的历史记忆。

1936 年之后
旺代被视作典型的法国农村。从此，共和国政府不再把旺代当成与众不同的地区对待。

1977 年
菲利普·德·维利耶建立狂人国历史主题公园。

0 年之后
王党史学家出版大量旺代战争的史学著作。奥院长与乌祖罗司铎写作数千篇相关文章。

旺代地区的教堂内掀起安装纪念战争的彩绘玻璃窗的热潮。

1950 年之后
有关战争回忆的协会如雨后春笋般成立。

1984 年
梵蒂冈教徒为旺代战争的死难者行宣福礼。

| | 1890 | 1900 | 1910 | 1920 | 1930 | 1940 | 1950 | 1960 | 1970 | 1980 | 1990 | 2000 | 2010 |

冲突

亨利·德·拉罗什雅克兰
叛乱中的金发天使

雅克·约瑟夫·卡特利诺

弗朗索瓦·阿塔纳兹·夏雷特

让·尼古拉·斯托弗莱

莫里斯·德·埃尔贝

"叛徒"或"殉道者"

夏尔·梅尔基奥·阿蒂斯·德·彭尚

路易·德·萨尔戈·德·莱斯屈尔

夏尔·萨比诺·德拉莱利
及其他旺代军首领

保王党史学的神坛之上，圣人与殉道者济济一堂。在他们的"地狱"中，只有极少数的"叛徒"（如勒内-弗朗索瓦·苏绪）。作为雷茨的一名地方叛军头目，苏绪批准了在马什库勒对共和派的大屠杀。他的对立面是亨利·德·拉罗什雅克兰和雅克·卡特利诺：前者是一位充满个人魅力的统帅，21 岁战死；后者本是车夫出身，后成为天主王军首任总司令，战斗中重伤不治而亡。在他们身上，安茹与普瓦图军团的总指挥、优秀军人和好基督徒的形象，三位一体的英雄形象无可争议。前海军军官夏雷特，意志坚定，战术灵活，素来享有"冒险家"的光环，盛名流传至今。至于猎场守卫出身的斯托弗莱，1794 年之后任军队统帅，形象却始终受其粗暴性格的拖累。

勒内·弗朗索瓦·苏绪

骚乱、
战士与盗匪

革命产生于对君主制、贵族特权和不平等现象的反叛。有人会质疑这一点吗？反叛者即革命者——此论断似乎天经地义，作家阿尔贝·加缪却唱了个反调："好心能造成和恶意同样大的危害。"显然，一切都没那么简单。

骚乱四起

革命并非在一片晴空之下爆发。1750年之后，法国境内骚乱四起，其原因多种多样：恐惧灾年、不满物价上涨、抗拒自由主义贸易原则、政治方面的诉求或社会内部的对立情绪，等等。1788年至1789年年初，骚乱势头正猛，当局一直试图控制局面或镇压。不过，很难说这些骚乱与1789年7月14日之前的系列事件有什么直接联系。事实上，"革命者"（1789年7月的胜利者）多半憎恶民众骚乱，将其视作"匪盗"所为。大恐慌时代，"匪盗"一词的使用尤为频繁。然而，这些骚乱既影响了民众的生存权和起义权，又有关其财产所有权。

埃斯特雷

罗米伊

拉费泰

南特

吕费克

1788年夏至1789年春爆发的骚乱

政治

面粉危机

反封建领主

不明

1789年夏季
"大恐慌"

恐慌席卷了大半个法国，各乡村共同体陷入对劫匪和"外乡人"到来的恐惧中。民众自发动员起来，除自卫外，又抗议领主支持的各项特权。他们洗劫，甚至烧毁了许多城堡，因此议员上演了著名的"8月4日之夜"，废除各项贵族特权，指望借此恢复乡村和平。当然，这一希望很快便落空了。

1789年夏季"大恐慌"

以前的骚乱地区

涉及地区

谣言传播中心及线路

1789
革命前的骚乱

1月27日，雷恩

"瓦片日"
年轻的"爱国者"和"贵族党"发生冲突，后者得到搬运脚夫的支持，冲突起于是否在布列塔尼维护特权的争论。3人死亡。

4月27日至28日，巴黎

暴动者洗劫昂里奥和雷韦永的工场，他们指责雷韦永妄图降低工人工资。镇压行动导致至少150人死亡。这一骚乱从未被视作法国大革命的序曲。

7月，吕尼 - 索恩和卢瓦尔

一些农民"盗匪"劫掠资产，蒙特维尔伯爵的城堡也未幸免。来自图尔尼、马孔和克吕尼的资产阶级自卫队前往镇压，以数十人的生命代价将28人送上绞架。共约200名"盗匪"被杀。

| 1788 | 1789 | 1790 | 1791 | 1792 | 1793 |

骚乱的**遗产**

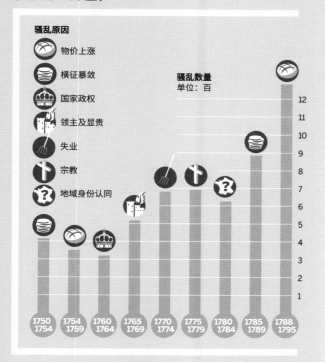

骚乱原因
- 物价上涨
- 横征暴敛
- 国家政权
- 领主及显贵
- 失业
- 宗教
- 地域身份认同

骚乱数量
单位：百

1750 1754	1754 1759	1760 1764	1765 1769	1770 1774	1775 1779	1780 1784	1785 1789	1788 1795

地域之争 **及宗教冲突**

自法国东南及罗讷河谷一带，地域之间的摩擦不断，可能在城市之间（如马赛与艾克斯），也可能在城市的相邻街区之间（如里昂、阿尔勒和土伦）。此外，在天主教徒和新教徒之间也存在宗教冲突。

1792年3月3日，埃唐普

市长西蒙诺因拒绝调整市场价格被杀害。雅各宾派内部分裂：吉伦特派及格雷古瓦主教呼吁法制，而山岳派和罗伯斯庇尔为暴动者辩护。

1791—1792年，阿维尼翁

阿维尼翁的激进革命者发动革命暴动，要求教廷所属的阿维尼翁飞地并入法国，与卡庞特拉的反对派和阿维尼翁的温和派发生冲突。

反封建领主的骚乱
1789年12月至1792年春

大规模限定价格
1792年春至11月

85

反对革命的骚乱 **"农民暴动"和"限价主义者"**

长久以来，民众相信富人需对穷人承担义务，也习惯与政府在必要时商量规定面包价格。1789年局面改变，这些要求从此有了政治意义。政府一方面需保证国家的统一，遵循平等原则；另一方面则需要保证救济穷人。

到1793年春季，法国爆发的骚乱数不胜数。因为情势不一，政府弹压的力度也有所不同。总体而言，除非局势升级为战争状态，或是宗教斗争过于尖锐，骚乱者一般不会被归入"盗匪"之列。然而那时，所有的骚乱都演变成了暴力伤亡事件，招致法律的制裁。1790—1792年，法国西南部共发生至少600起骚乱，这些骚乱大多采用传统的农民暴动形式。新政权面对乡村共同体的不满，显得狼狈不堪。

这些参与暴动的农民究竟是忠于传统，还是可以因反抗封建制度而被视作进步的力量？在法国北部，冲突往往因讨薪引起。在一些大农场较为密集的地区，农民深受价格上涨之苦，往往呼吁维持共同体内部的平衡，要求政府限定谷物价格，遭到大地产主的反对。新政权中大多数人主张维护财产权，只有少部分人（雅各宾派，未来的山岳派）支持"限价主义者"。工场工人的抗争相对较少。许多城市都组织了慈善机构，以应对骚乱的发生。

无套裤汉与巴贝夫主义者，暴动者的失败？

1790年秋
人们把穷人叫作"无套裤汉"，本带有明显的猥亵色彩。

1792年
"无套裤汉"指反对有产者的人。

1793年
"无套裤汉"指与国民公会作对的革命群体。

1793年9月
巴黎各区要求将"恐怖政策"提上议事日程无果。
各区受国民公会监管。
无套裤汉被派往旺代前线。

1793年12月—1794年1月
无套裤汉在里昂和南特等地的作为备受指责。

1794年3月
无套裤汉的主要领袖被国民公会下令处死。

1794年热月
因缺乏无套裤汉支持，罗伯斯庇尔一党覆灭。

1794年9月—10月
无套裤汉和罗伯斯庇尔派被混为一谈，遭到无差别清算。

1795年春
无套裤汉在巴黎发动两次暴动，均以失败告终。

1795年9月
政府动员无套裤汉反对保王党叛乱。

1796年
巴贝夫发动"平等派密谋"。

无套裤汉是最具代表性的骚乱分子，他们曾一度居于大革命的风口浪尖，直至最终被抛弃。人们对他们的印象，往往是坚定不移的革命者或粗鄙的野蛮人。然而，他们在历史现实中的形象，是很难被清晰勾勒出来的。

谁是"无套裤汉"？
3个互相矛盾的观点

这个人总是步行。他没有你们所有人梦想的百万家产，没有城堡、没有仆从，只是简简单单地与自己的老婆和孩子——如果有的话——挤在楼房的四层或五层生活。不过他是有用的：他愿意为共和国的安全倾其所有，直到流尽最后一滴血。

这些人不穿套裤和长筒袜。他们穿着手工艺人、工人或工匠穿的三色条纹长裤（或者短裙），披着工作罩衣，套着马甲或带大扣子的短上衣（卡马尼奥拉服），跋着木鞋，戴着红色的弗里吉亚锥形帽。

这个男人40岁左右，身高不足1米，孔武有力，面色阴沉，眼睛混浊，黑头发贴在脑袋上，留着小胡子，戴着红帽子，穿着黑色的粗布裤子，脏衬衣敞着领口，露出茂密的胸毛，说着一口需要调整口音的语言。

莫里斯·迪普莱
1736—1820
木工作坊主，罗伯斯庇尔的房东。除了企业本身的收入之外，他每年能收取房租 10 000 ～ 12 000 锂。迪普莱的女儿承认，作坊里任何一位工人都不曾受邀与老板同桌用餐。迪普莱与无套裤汉的领袖拉佐斯基一起创立了一家印刷公司。

他们**不是**无套裤汉

- 贵族
- 囤积货者
- 食利阶层
- 穷人
- 边缘人
- 失业者
- 游民

无套裤汉并非一个清晰的社会职业阶层。

他们**才是**无套裤汉

- 主要是"小资产者"
- 扎根于自己的街区
- 拥有家庭、职业和邻里的社会网络
- 除岔激派外，顽固仇外，往往憎恶异性

富人喜欢打扮成平民的模样，使自己看起来更像"无套裤汉"；穷人则努力在政治方面表现得更像"无套裤汉"。

谁是**巴黎的**无套裤汉？

巴黎各市民革命委员会的负责人与骨干的职业

59% 手工业者及小店主
1%
26% 食利阶层
8%

市民委员会委员
1792—1795年
343

10% 工薪阶层及佣人
64% 手工业者及小店主
16% 自由职业者

市民革命委员会委员
1793—1794年
454

20% 工薪阶层及佣人
58% 手工业者及小店主
16% 自由职业者

革命委员会骨干
514

8% 工薪阶层及佣人
51%

被处决的罗伯斯庇尔派
热月12日
88

主要的**俱乐部**

科德利埃俱乐部

男女兄弟会

主教俱乐部

瑞士俱乐部

1788　　1789　　1790　　1791　　1792　　1793

无套裤汉反对
罗伯斯庇尔派

热月9日，无套裤汉抛弃罗伯斯庇尔。巴黎东部是传统的"激进革命区"，而西部历来以"温和区"为主。巴黎市中心各区没有响应公社和罗伯斯庇尔的号召。他们不能原谅罗伯斯庇尔1794年3月对无套裤汉领袖的镇压，以及他对雅克·鲁领导的忿激派的打击。

弗朗索瓦·诺尔·巴贝夫
1760—1797
1795年，无套裤汉暴动失败之后，巴贝夫积极进行政治密谋。此时，卡诺担任警务部长。他将密谋者玩弄于股掌之上，最后又将他们送上断头台。巴贝夫之死宣告了他的冒险结束，"民众暴动"从此画上句号。1828年，巴贝夫的战友博纳罗蒂出版《巴贝夫的平等派密谋》一书，巴贝夫开始为人所知。生前，巴贝夫曾呼吁建立社会共同体。

"当政府侵犯人民的权利时，起义对于人民整体和每一位人民来说，都是最神圣的权利和最需履行的义务。"
——**1793年宪法所附《人权宣言》，第35条**

无套裤汉的
末日

1795年，无套裤汉要求行使1793年宪法规定的起义权，反对大革命新的主宰者。罗伯斯庇尔已死，政府先是听任保王党发动"白色恐怖"，严酷打击，随后亲自出面镇压起义。

1795年4月1日（共和三年芽月12日），无套裤汉占领国民公会大厅。在青年反革命派"金色青年"的协助下，宪兵暴力清场，驱散人群。

1795年5月20日（共和三年牧月1日），民众高呼"还我面包，还我93年宪法！"再度攻占国民公会大厅。议员费罗被杀，身首异处。晚间，部分激进的雅各宾派议员仍留在议会（他们的"高度"在"山岳派"之上，故称"山脊派"）。暴动持续4日。最后，塔利安、弗雷隆和巴拉斯逮捕了5 000名雅各宾派，62名议员被审判，处死6名"山脊派"。6月4日，雅各宾俱乐部的总部被拆毁；12日，禁止使用"革命者"一词，1795年6月16日，阿登地区处死7名"恐怖分子"；1795年8月18日，马恩地方的两名"九月匪徒"被处死。10月16日，罗伯斯庇尔的密友勒朋议员被送上断头台。

力量对比图
共和二年热月9日

忠于国民公会的各区武装力量

向公社派遣的分队

联队指挥官及炮兵营

白色恐怖

1795年，人们还使用"反动"一词，"白色恐怖"的说法日后才被使用。1795年春季和夏季，昔日"恐怖政策"的支持者遭到复仇和清算，殃及家人和盟友。至少3 000名（一说30 000名）成人和儿童遇害。

蒙布里松　**里昂** 4月24日
圣艾蒂安
蓬圣灵桥
尼姆 6月　**塔拉斯孔** 5月
马赛 7月　**土伦** 5月

1789年
土地测量员巴贝夫在巴黎摇身一变成为报业人士。他极力揭发"贵族的阴谋"和所谓"饥荒协议"。

1790年5月
在狱中度过。

1793年
巴贝夫在巴黎的公社中任职。

1794年3月
作为"无套裤汉"入狱。

1794年7月
出狱。
在富歇的帮助下成为记者。

1794年10月
抨击罗伯斯庇尔，发表《论人口灭绝政策或卡里耶的生平及罪行》。巴贝夫自命为"格拉古"，捍卫旺代无产阶级的利益。

1794年10月—12月
再度入狱。
反对热月党人和富歇。

1795年2月—10月
巴贝夫在狱中密谋起事。

1795年12月
转入地下活动。要求恢复1793年宪法及土地法。

1796年5月10日
因被同党出卖，巴贝夫及其盟友被捕。

1797年2月—5月
巴贝夫在旺多姆接受审判。

5月27日
判处死刑后，巴贝夫自杀未遂，被送上断头台。

国家镇压盗匪

反对社会政策和镇压手段的**疑云**

1792年之后，"盗匪"与"旺代"两词几乎平行演变，甚至常被混为一谈。因此，直到1794年，人们时常能听到诸如"荡平盗匪，拯救国家"之类的宣言。1794年，尤其是卡里耶在当年12月受审期间，"盗匪""旺代"与"罗伯斯庇尔一党"一样，都成了舆论口诛笔伐的对象。1794年之后，"盗匪"一词被用来指代一些新的社会群体，包括对社会不满者、骚乱者、赤贫者和劫匪，也包括朱安党人和地方的反革命派。随着时势变迁，统治者不断调整社会政策：有时优先考虑民众的生存权，减少因生活必需品匮乏而引发的骚乱；有时实施贸易自由政策，准备承担镇压暴动的风险。

朱安党人和旺代人首当其冲……

巨大的不确定性

……随后是罗伯斯庇尔派

"好土匪"和"恶匪"

大恐慌中的骚乱者

建立"丰盈粮仓"，立法规定囤积居奇者死罪。基本无法落实。

首次限定谷物的"最高价格"。

特赦1月21日之前有关生活必需品的一切轻罪。

索恩河畔沙隆建议将谷物视作"国家资产"。

特赦有关谷物交易法的一切不法行为。

1789 **1790** **1791** **1792** **1793**

JFMAMJJASOND JFMAMJJASOND JFMAMJJASOND JFMAMJJASOND JFMAMJJASO

阻止粮食自由进入巴黎者，**死刑**。

吉伦特派主导的国民公会重申自由贸易政策，威胁将处死破坏粮食供应者，尤其是破坏巴黎粮食供应链的人。

支持土地法均分产业者，**死刑**。

罗伯斯庇尔反对1793年2月要求食糖降价的示威游行，认为他们不过是在"索要糖果"。

北部省

犹太帮

萨朗比耶

依弗托

昂萨尔

塞纳 - 瓦兹

弗拉芒匪帮

默兹

朱安党人

叙热尔

萨尔特

白巾军

耶胡军

奥巴涅匪帮

罗讷河口

太阳军

阿列日

东北利牛斯

督政府和盗匪

1794年后，国家经历粮食危机，政府高层内部激斗，政策充满不确定性，行政管理也混乱不堪，所有这一切都加剧了民众的不满情绪，爆发了复仇行动和盗匪行为。1799—1800年，混合着大量违法犯罪行为和反革命暴力运动，盗匪的猖獗程度达到顶峰。镇压的主要力量是宪兵队和军队，而1797年后，镇压工作交给了更为严厉的军事法庭。国民自卫军协助。1800年之后，盗匪终于近乎销声匿迹。

1788 **1789** **1790** **1791** **1792** **1793**

盗匪
17 123 页
12 722 份小册子
129 种报刊

旺代
8 319 页
6 344 份小册子
76 种报刊

罗伯斯庇尔派
恐怖分子
2 038 页
1 734 份小册子
44 种报刊

"烤脚帮"
(土匪在逼问财物时,行火烧受害人脚掌的酷刑,因而得名)
对社会不满的危险分子

3 000

2 500

2 000

1 500

1 000

500

0

词语出现频率
根据法国国家图书馆网站收集
的所有报刊资料,统计各类
"盗匪"的出现次数

塞纳河省卡尼地
阻截运往巴黎的
400 担军粮。
官解释道:"饥饿
法律闭嘴。"

"全面限价"。

粮食骚乱消失。
乱民可能变成乞丐和土匪。

1796 年
和 1797 年丰收。

1794   1795   1796   1797   1798   1799

M J J A S O N D J F M A M J J A S O N D J F M A M J J A S O N D J F M A M J J A S O N D J F M A M J J A S O N D J F M A M J J

控制谷物及面粉市场,必要时征用
物资。

建立维持治安的部队,用中产公民
加强国民自卫军队伍。

共和三年宪法取消"起义权",
颁布长期戒严令。

镇压粮食暴动,重新控制局面。

重新规定
谷物的
贸易自由。

共和七年雾月 29 日
强化该法案。

共和七年获月 24 日,《嫌疑法》
规定,社会影响恶劣的匪盗交
由军事法庭审判。

共和六年雪月 29 日法案规定,
主要公路沿线的匪盗由军事委员会
审理。两人以上的犯罪,包括犯罪
未遂,均视作"匪盗行为"。

热月党人主导的国民公会废除限价。

指券暴跌:严冬导致粮食暴动再起。

55 人
尼德兰大匪帮

64 人
奥瑞尔匪帮

镇压北部主要匪帮的法院裁定结果
1795—1803 年

共和七年比利时爆发的骚乱,5 917 名盗匪

62 人
辛德莱恩匪帮

33 人
贝克兰德匪帮

76 % 死于战斗

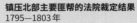 无罪释放

 监禁或流放

 死刑

反革命

在法国的十年革命中，反革命的地位不断下降。各种反革命的尝试均以失败告终，直至1799年被拿破仑彻底扑灭。即使反革命派在1814年卷土重来，取得的胜利果实也非常脆弱。1830年，反革命派荡然无存。

1788年起，反革命派曾一度扮演了重要的角色，毕竟正是"特权阶层"引发了1789年春季的政治危机。由于他们顽固地阻挠改革，国王被迫在三级会议的选举过程中，采取有利于第三等级和低级教士的措施。1790年年底，虽然"反革命"并无清晰的范畴，但比"革命"一词的使用还要频繁。即便是在革命者内部的政治斗争中，"反革命"一词也常被滥用在对手身上。

它的象征是什么？自1789年以来，革命的象征便是蓝、白、红三色；而反革命的象征，在保王党眼里是白色，在阿图瓦伯爵眼里是绿色，但在其对手看来，则是黑色。贵族流亡、"反革命"的不确定性和失败的抗争，是我们可以关注的"反革命"三部曲。

1788年	1789年	1790年	1791年
财务大臣卡洛讷逃往伦敦。	3—4月 因担心骚乱，高等法院的部分法官离开法国。	贵族地主逃亡，城堡被焚。	7月，王政派议员开始逃亡。
	7月 包括国王幼弟阿图瓦伯爵在内的多位亲王及大贵族，为了反抗君主制受到的威胁离开法国，准备在欧洲组建新的"十字军"，镇压萌芽阶段的大革命。		

1789—1794年
150 000
法国人离开故土

逃亡者的 **社会阶层**

7%的逃亡者出身不明，
主要来自法国的边境地区。下莱茵省的逃亡比例最高。

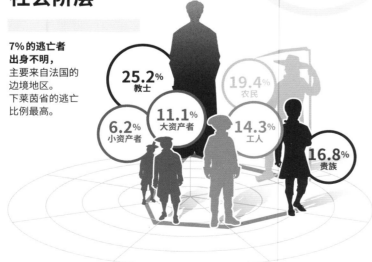

25.2% 教士
19.4% 农民
6.2% 小资产者
11.1% 大资产者
14.3% 工人
16.8% 贵族

镇压反革命

13 · 1791
38 · 1792
51 · 1793

通过相关法案的数量

最重要的法律法规

1791年11月9日
年底不归国的流亡者，一律处死。国王动用否决权。

1792年4月8日
没收1789年7月以来所有在外地主的财产。

1792年9月12日
流亡者的亲属如参与同谋，也将被定罪。

1793年3月28日
流亡者法典。

1793年4月5日
扩大"流亡者"一词的范畴：加入旺代叛军者，亦视作"流亡者"。

1793年7月23日
……然后，范畴扩大至里昂、马赛、土伦等地的叛乱者……

1800年10月20日（共和九年葡月28日）
农民、工人、妇女和儿童自动划出"流亡者"的行列。

1802年4月26日（共和五年花月6日）
拿破仑特赦宣誓就职的"流亡者"。

1825年
《流亡者补偿法》（著名的"补偿流亡贵族十亿"）出台，在保留国有财产出售成果的前提下，流亡者重新获得财富。

1792年
8—9月
除了数以千计的军官之外，贵族率先流亡国外，教士和资产者的流亡比例较低。这一时期，流亡多由个人决定：或为表达政治异见，或为盘算揭竿而起，或因感觉到人身受威胁。

9月之后
流亡浪潮更为汹涌，流亡者的社会阶层和个人动机也发生改变。

1794年之后
革命的节节胜利迫使流亡者逃向欧洲各处，在军事上和政治上都更缺乏效率。然而，利用其社会网络，他们始终非常活跃。

不稳定的身份

几乎在欧洲各地，流亡者都只是被勉强接受而已。除了少数特例之外，他们无法得到目的国的经济支助，甚至无法进入大学学习。以普鲁士军队为例，只有极少数外国人应召入伍。1792年起，在普鲁士，流亡者的身份几与流浪汉无异。某些流亡者成为外语家教，或宫廷艺术课程（击剑、舞蹈或马术）的教员。法国的纺织工人在劳动力市场上非常抢手。

一盘散沙的**星团**

25 000 逃亡者

普鲁士 5 000 逃亡者

伦敦

布鲁塞尔
科布伦茨
沃尔姆斯

巴黎

阿尔奈勒迪克

都灵

的里雅斯特

西班牙

罗马

那不勒斯

科孚岛

神秘的科布伦茨

1791 年夏，瓦雷讷逃亡事件之后，5 000 ～ 7 500 人逃至科布伦茨，投奔一个真正意义上的流亡宫廷。亲王委员会执行与欧洲各国君主联盟的政策。反法联军是反革命的标志，在瓦尔密战役之后解体。不过，科布伦茨始终是革命法国的心头之患。

国王之女的逃亡路线
1791—1799
阿德莱德（1732—1800）和维克托瓦尔（1733—1799）死于里雅斯特，波旁王朝复辟后，灵柩回国，葬于圣但尼大教堂。

查理·菲利普，阿图瓦伯爵，未来的查理十世
1757—1836

早在 1788 年，伯爵就反对路易十六的改革政策。他在罢黜内克尔一事中扮演了重要角色。1789 年，伯爵逃离法国。他的政治才能平庸。随着法国革命军队在欧洲范围内的推进，他一路逃亡，最后逃至英国。拿破仑帝国瓦解之后，他返回法国，后成为国王。1830 年，他再度逃亡，客死奥地利。

路易·斯坦尼斯瓦夫，普罗旺斯伯爵，未来的路易十八
1755—1824

1791 年 6 月 21 日踏上流亡之路，受到兄弟阿图瓦伯爵的冷遇，后者抱怨他犹豫时间过长。小王储路易十七死于坦普尔监狱之后，伯爵自称路易十八。他为毫不妥协的反革命阵线辩护，并为保王党在法国的失败寻找原因。

查尔斯·亚历山大·德·卡洛纳
1734—1802

卡洛讷于 1783 年 11 月—1787 年 4 月担任财务大臣。1787 年骚乱爆发，他被放逐出境。从某种意义上说，他是革命的第一位流亡者。在境外，他不懈地为反革命事业寻找资金。最后，他成为拿破仑的盟友。

安托万·里瓦罗尔
1753—1801

欧洲闻名的反革命派记者。他用讽刺性杂文的形式，在《使徒行传报》和《革命大人物小词典》中攻击革命派。尤其是《小词典》一书，使读者在笑声中站到了革命的对立面。1791 年流亡之后，里瓦罗尔再也没有扮演过真正重要的政治角色。

让·皮埃尔，巴茨男爵
1754—1822

最神秘的反革命派。上校巴茨男爵曾跟着克拉维埃和佩莱尔等金融家做投机生意。据传他试图在 1793 年 1 月 21 日劫法场营救路易十六，又曾密谋为安托瓦内特王后劫狱。后来，巴茨试图贿赂一些在东印度公司的破产清偿中牟利的国民公会议员。在督政府时期，他是一位不知疲倦的阴谋家。最后，在孔戴亲王军中担任将领。

安德烈·博尼法斯·路易·里盖提，米拉博子爵，"酒桶"米拉博
1754—1792

革命派领袖奥诺雷·加布里埃尔·米拉博之弟。与兄长立场不同，小米拉博积极反对革命。他沉迷酒色，但也是一名骁勇的军人。1790 年流亡之后，他的部队号称有 1 800 人，装备齐整，统一身着黑色军装，但战绩不佳。他不服从军令，与孔戴亲王作对，最终落寞而死，没有实现他曾希望在反革命阵营内发挥的作用。他的事例，很好地展现了大革命时期家庭内部的分裂现象。

夏尔·莫里斯·德·塔列朗-佩里戈尔
1754—1838

宪政派主教，议员，巴黎行政官。1792 年辞职后，塔列朗低调前往伦敦，找了个公干的借口，以免被视作流亡。事实上他与流亡者别无二致。在美国做了两年地产投机生意后，塔列朗见自己已经完全摆脱了流亡者的身份，便于 1796 年返回法国。此后，他担任内阁部长，开始了非同寻常的政治生涯，成为当年最重要的政治家之一。

91

流亡者军队

号称共有 24 000 人
1792 年 8 月

科布伦茨军团 13 000 ~ 14 000 人

4 000 名陆军军官

750 名海军军官

人人反革命？
1795年的转折点

"反革命"：
含义不明的词语

所有革命团体，甚至包括无套裤汉、忿激派和罗伯斯庇尔，在不同时期内都曾被视作"反革命"。 该词出现于1790年，打败"反对革命"(anti-révolutionnaire)一词后胜出。随后，在法国的政治语境中，"反革命"意指所有抵制或对抗法国大革命的人。而"反对革命"的说法，直到1985年才被史学家重新捡起，用于区分政治运动与非政治性的社会骚乱。"反革命"一词的指代对象向来非常复杂。1791年瓦雷讷出逃事件之后的流亡贵族，颇受1789年流亡者的冷遇，后者指责前者接受了1790年和1791年革命法国的各项举措。

1792—1794年，"反革命"一词成了各革命团体拿来抹黑对手的语汇。直到今天，说起"吉伦特派"，人们普遍的共识，或将他们视作戴着伪装面具的"反革命"，或将他们视作温和的革命派，却不再记得他们在1789—1792年，就是坚定的雅各宾派！

难于定义的词语

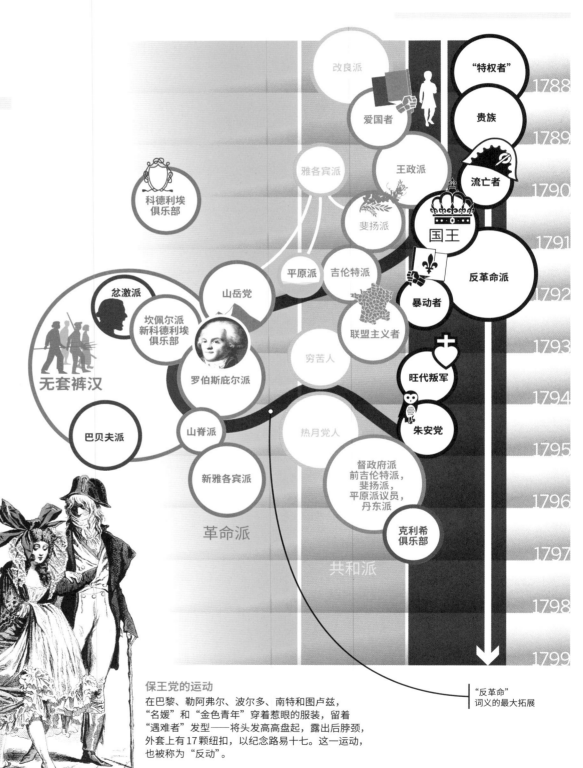

保王党的运动
在巴黎、勒阿弗尔、波尔多、南特和图卢兹，"名媛"和"金色青年"穿着惹眼的服装，留着"遇难者"发型——将头发高高盘起，露出后脖颈，外套上有17颗纽扣，以纪念路易十七。这一运动，也被称为"反动"。

"反革命"词义的最大拓展

1788
1789
1790
1791
1792
1793
1794
1795
1796
1797
1798
1799

改良派
爱国者
"特权者"
贵族
流亡者
雅各宾派
王政派
科德利埃俱乐部
斐扬派
国王
反革命派
平原派　吉伦特派
暴动者
忿激派
山岳党
坎佩尔派新科德利埃俱乐部
联盟主义者
无套裤汉
罗伯斯庇尔派
穷苦人
旺代叛军
巴贝夫派
山脊派
热月党人
朱安党
新雅各宾派
督政府派前吉伦特派，斐扬派，平原派议员，丹东派
克利希俱乐部
革命派
共和派

1795年之后，政治斗争的方式彻底转变。虽然手段仍然残酷，充满暴力色彩，但政权合法性的社会基础，是坚定捍卫其资产的人群。他们认为，反革命派企图恢复不平等的君主制度，而革命派则是国家管制和"恐怖政策"的支持者。1795年，督政府被公认为一个同时摒弃了革命与反革命立场的新体制。

经济危机中的 **保王党骚乱**

 保王党骚乱

密谋起事

亚眠

蒙迪迪耶

鲁昂

克雷皮昂瓦卢瓦

韦尔农

尚蒂伊

埃夫勒

得勒

弗朗什孔泰

里昂

上卢瓦尔

阿尔代什

洛泽尔

93

共和三年，
局势明了

旺代和朱安党的
失败

1795年

9月13日（果月27日）
国民公会调动"神圣营"，镇压巴黎各区的反抗。
10月4日（葡月12日）
巴拉斯任命拿破仑为将军。小股保王党军队发起进攻。拿破仑保卫杜伊勒里宫，架起火炮开火。晚上10点左右，战斗结束。叛军死伤200～300人，叛乱失败，巴黎恢复平静。多名叛乱首领被捕，二人被处决。

镇压

塔利安是反攻基伯龙的主要负责人。

2 000
名叛军被处决
其中750名流亡者被枪决

800～1 200
人战死

23

6 200
人被俘
包括278名流亡军官

朱安党始终危险。在卡杜达尔等人的领导下，朱安党控制农村地区，威胁城市。然而，他们不再是共和国的心腹大患。同时，夏雷特和斯托弗莱在旺代先后东山再起，直至1796年双双殒命。

普莱兰

朗德洛 6月18日
布伊桥 6月17日

梅里奥内克
斯科夫河畔盖梅内 6月12日
盖尔讷 6月10日
鲁比阿莱克 6月16日
特雷古雷兹
兰德雷瓦泽克

基伯龙

约岛

夺取
布伊桥火药库
200名朱安党人急行军130公里，攻占火药库。虽然3/4的火药已被投入河中，但仍有8桶落入敌手。在基伯龙登陆一周之前，战利品分配给当地各支武装及莫尔比昂的分队。

卡杜达尔

夏雷特

斯托弗莱

阿图瓦伯爵12月登陆该岛，但拒绝参战。

基伯龙登陆
1795年6月25日—27日，英军舰队进入布列塔尼与基伯龙要塞之间的卡尔纳克海湾。约18 000人携武器、弹药、服装及生活必需品登陆，进驻要塞。不久，由君主立宪派皮塞伯爵和绝对君主派艾尔维利伯爵所率的第二纵队登陆，共1 500人。奥什将军率部将保王党军队封锁于基伯龙半岛，7月21日—22日发起总攻，全歼敌军。

14 000
名来自布列塔尼的朱安党人及其家属

3 600
名流亡者，
及获释并投诚的共和国被俘士兵

1799年，大反攻

反革命网络

克利希俱乐部（1794—1797）

克利希俱乐部位于巴黎北部的克里希街。热月政变之后，俱乐部聚集了包括卡诺在内的大批右派议员和记者。俱乐部于1797年达到巅峰，五百人院和元老院的750名议员中，有300人是俱乐部成员。其内部分为两派：一派主张与温和的共和派达成谅解；另一派则支持波旁王朝复辟，甚至不惜采用武力手段。1797年通过选举，俱乐部将其代表巴泰勒米送上督政官之位。1797年9月4日（果月18日）的果月政变中，俱乐部多名领袖被捕，议员被逐出两院。

耶胡团

1795年，大批雅各宾派囚犯在里昂惨遭屠杀。人们将矛头指向一个神秘的复仇者团体——耶胡团（又称"耶稣团"）。该团体在当地活动猖獗，直至1798年。1798年，40余名嫌犯被捕，并接受审判。他们大多是手工业者和商人。虽有数百名目击证人，但法院还是难以给其中的大部分人定罪。耶胡团或许从未真正存在。归到他们头上的罪责，可能只是一系列反革命行动、个人复仇行为和卑鄙罪行的古怪集合。在大仲马1857年出版的小说《耶胡团》中，他们是一群年轻的贵族，是一伙忠于王党事业的匪徒。

AA会

这一简称至今词源不明，意指教区教士在危险情况下举行的地下秘密集会。这一集会出现在1789年之后，最早主要在图卢兹，后演变为政治活动组织，延伸至其他教区。1792年之后，它为反抗派教士系统地提供信息与支持。

慈善会（1796—1800）

1796年由巴黎的保王党俱乐部始建，其成员是反对大革命的"秩序之友"。只有董事会了解组织与波旁王室的联系。慈善会对1797年的选举活动影响甚大，后遭到督政府的打击。1799年，幸存者试图在法国西南部组织暴动。执政府时期，该组织消亡。

反革命：活跃、分裂、失败

人们往往会遗忘一个历史事件：1799年，流亡者、国内保王党和欧洲列强联手反攻法国的督政府。时间选得恰到好处：法国政变迭生，远征埃及又以失败告终。发动攻势期间，王室安排路易十六之女玛丽·泰蕾兹·夏洛特与阿图瓦伯爵之子、表兄昂古莱姆公爵成婚，以支持其叔父路易十八的合法性。反攻一度获得充分支援，并在意大利和法国西部迅速取得一系列胜利，但仍以失败告终。除了反革命派本身的脆弱性之外，拿破仑的智慧也扮演了极为重要的角色。作为第一执政官，他在强力镇压反革命的同时也允许民众宗教信仰自由。

埃德蒙·柏克
1729—1797

英国著名作家，颇具影响力的政治家，曾支持美洲的独立运动。1789年11月1日，在伦敦出版《法国革命论》，批评革命破坏了传统与自由主义。他对1789年10月6日的事件尤为反感，批判女性在凡尔赛宫滥用暴力。人们认为他成功预言了法国的"恐怖统治"。此书迅速热销，在欧洲各国翻译和出版。不过，英国首相小威廉·皮特拒绝采纳他军事介入的主张。

奥古斯丁·德·巴鲁尔
1741—1820

前耶稣会教士，擅长论战。1792年流亡英国，出版《雅各宾史回忆录》（1797—1799，汉堡），批判共济会和启蒙思想家，认为是他们引发了法国大革命。他的阴谋论观点在当时，更在日后大获成功。

英国皮特政府在英军间谍身上的花销
单位：万英镑

770 000
共计

1789 1790 1791 1792 1793 1794 1795 1796 1797 1798 1799

朱安党的目标城市

叛乱首领

天主王军诺曼底纵队

参与第一次朱安党叛乱（1793年）的布列塔尼村镇

第三次朱安党叛乱（1798—1799年）

旺代战争地区

瓦洛涅　卡朗唐　库唐斯　贝叶　迪沃　利雪　欧奈　阿夫朗什　弗莱尔　维穆捷　莱格勒　圣布里厄　圣雅姆　阿勒农　梅西耶·拉旺代　昂布里耶尔　布尔蒙　勒芒　卡杜达尔　索勒·德·格里索勒　拉布雷瓦莱　罗什科特　拉罗什贝尔纳　沙蒂永　南特　奥蒂尚　苏扎奈　弗罗泰

路易·埃马纽埃尔·亨利·德洛奈，昂特雷格伯爵
1753—1812
保王党间谍，反革命派政治冒险家，最著名、最具神秘色彩的密探。1789年当选议员，1790年逃亡。在整个欧洲范围内，他为阿图瓦伯爵和英国政府打造了庞大的间谍网。不过他的情报可信度颇值怀疑，也以两面三刀著称。遇刺身亡一事，更为他增加了神秘感。

让-夏尔·皮舍格吕
1761—1804
战绩辉煌的共和国将领，法国北部的前线指挥官，后加入保王党阵营。1797年进入五百人院，任议长。共和五年果月18日（1797年9月4日），他在果月政变中被捕，流放至圭亚那的卡宴。逃亡之后，他与英国密谋反对法国政府，再度被捕，死于狱中。

约瑟夫·马里，迈斯特伯爵
1753—1821
撒丁王国人，曾任萨瓦法官，1792年流亡。1803—1817年，任皮埃蒙-撒丁王国驻俄国的大使。在《论法国》一书（1797年纳沙泰尔出版）中，他对法国革命做出了政治领域和神秘主义的解析，成为欧洲反革命派的必读书。

安托万·巴尔塔扎·约瑟夫·德·安德烈
1759—1825
普罗旺斯贵族，1789年的自由派议员，1791年成为斐扬俱乐部的创建人之一，1792年流亡。1795年以后，他在瑞士扮演重要的反革命角色，得到英国大使威廉·维克汉姆的支持。1797年他回到法国，组织造势活动，使反革命派在大选中一度获得成功。共和五年的果月政变之后，他返回瑞士，继续密谋建立君主立宪政体。

反革命派星团

古斯塔夫三世
1746—1792

95

腓特烈·威廉二世
1744—1797

叶卡捷琳娜二世
1729—1796

俄国

英格兰

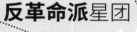

贝亨 9月19日

汉堡
法国1797年入侵瑞士之后，自由城邦汉堡及邻近的阿尔托纳取代贝尔讷，成为间谍网的大本营。

乔治三世
1738—1820

泽西和根西
法国境内英国间谍网的大后方。在泽西的奥格尔山城堡里，菲利普·德·奥弗涅可指挥4 000名民兵和2 000名正规军，以及一支舰队。舰队包括4艘炮舰，4艘三桅帆船，1艘运输舰。

保王党联盟

西部网络

奥地利

施瓦本间谍
斯托卡赫 3月25日
苏黎世 6月6日

弗里堡和纳沙泰尔
前者为天主教的反革命中心，后者是蒙加亚尔间谍网反革命地下书籍的集散地，由书商福什·柏莱尔经营。

里昂

维托里奥-阿梅迪奥三世
1726—1796

利奥波德二世
1747—1792

弗朗索瓦二世
1768—1835

图卢兹

巴斯克地区

卡萨诺 4月27日

科西嘉
1793年，科西嘉加入反革命派阵营。1794—1796年，保利治下的科西嘉岛建立英属科西嘉王国。

奥斯曼帝国

图例：
 反革命军事基地
 反革命核心区域（法国西部以外）
 敌视革命的君主
 间谍网
 与法国公开作战的国家
 反法联军的胜利
法军的胜利
联军登陆地点

反革命的**欧洲**

　　3月25日，反法联军在施托卡赫击败法国的多瑙河军团，宣告"大反攻"拉开序幕。8月，联军占据优势，奥地利军队在意大利的胜利尤为引人注目。5月，托斯卡纳农民起义，组成"圣母万岁团"；而卡拉布里亚和普利亚的农民包围了在那不勒斯成立的法国的姊妹共和国。在瑞士，俄军援助奥地利军队。

阿布基尔 7月25日

督政府，
大革命最后的火焰

1795年，法国成立了督政府。尽管这个政府仅仅维系了五年，与法国大革命的第一阶段寿命相当；尽管它缺乏创造力，也未绽放过人光彩，更没有留下太多遗产，但不可否认的是，它为接下来法国社会体系的建成打下了牢固的根基。督政府建立的初衷，本是为了巩固少数掌权者的利益，但最终在政治斗争和政变中渐渐迷失，直到1799年11月，被拿破仑"雾月政变"的最后一击彻底击沉。

构建**新政府**

督政府与第一共和国决裂，建立了一个集体领导的政府机构，并新建两个议院，恢复建立在财产税基础上的普选制。建立这个体制的目的，本是防止革命激进主义的回归，而事实上，它很快深陷于政治斗争，日益溃散。

任期5年，每年抽签确定一人离职，由议会两院重新选举一人补入。督政官不得凌驾于议会之上

颁布法律、发布命令

任命内阁各部部长和所有执行官员

指挥军队

有权征用物资，逮捕阴谋策划者

5名督政官

2个自治委员会

250名元老院成员（40周岁以上）表决法案

500名五百人院成员发起法案动议

参与选举

特派员

财务特派员

财政部

高等法院

最高法院

由5人组成的委员会管理，受全面掌权的特派员监控

监控

大城市由国家直辖小市镇组成选区

省
选民大会

选区
初级议会

市镇
市镇委员会

30 000
名代表国家的选民
选举出法官和刑事法院

通过为期10天的会议，选举出该省的法官、法院和行政人员

纳税人
21周岁以上

历任主要**督政官**

保尔·德·巴拉斯子爵
1755—1829
出身于普罗旺斯的底层贵族家庭，1792年当选议员，是一名热忱的革命者，也是罗伯斯庇尔的反对者。1795—1799年，巴拉斯在督政府担任督政官。他是一位叱咤风云的领导人，同时也是最受争议的人物，因他过激和不择手段的风格而闻名。

艾蒂安·弗朗索瓦·勒图纳尔
1751—1817
军人，1791年成为议员，1795—1797年担任督政官。

让-弗朗索瓦·勒贝尔
1747—1807
1789年当选议员，于1795年到1799年6月担任督政官。他既反对雅各宾派，也反对保王党人，是一位主张领土扩张的领导人。

路易·马里·拉勒维利埃-勒博
1753—1824
1789年当选议员，他与反教会和敌视反革命的勒贝尔站在同一立场，共同担任督政府督政官。他曾加入过吉伦特派并因此受到迫害。作为一名有神博爱教的热心宣传者，他在很大程度上代表了革命的世俗精神。

"连锁" 政变

督政府每年都会更选一次督政官和三分之一的议员。虽然这些选举只涉及三分之一的议员，竞争却极为激烈。呼吁回归君主立宪制的党派作为罗马天主教的捍卫者，在选举中大受欢迎。同时，钟情于1793年宪法的共和派也有不少支持者。他们被反对者称为"绝对派"，被近代史学称为"新雅各宾派"。这些选举先是引发了地方冲突，更引爆了一系列政变，破坏了现行的任免制度，驱逐甚至流放议员。1797年，镇压变得异常暴力，情况恶化到了极点。

奥热罗将军调动军队
20 000人

330人
被放逐到卡宴

对1793年宪法或君主制的拥护者，**立即判处死刑**

果月18日政变
1797年9月4日
巴拉斯组织，反对另外两位督政官巴泰勒米和卡诺。

选举失败，宣布140名新当选议员的选举无效，177名议员被取消资格

花月18日政变
1798年5月11日
大会选举出的30%的当选者被取消资格。

选举失败，106名议员被排除资格，53个选举席位空缺

牧月30日政变
1799年6月18日
在军队的支持下，3名新雅各宾派党人当选。

97

保王党取得胜利
热月党人 63席
克利希俱乐部 54席
极端保王党 33席

紧紧团结在共和国周围
克利希俱乐部 105席
独立派 44席
热月党人 28席

转向左派
山岳派 106席
热月党人 44席

极端派巩固地位
山岳派 106席
极左派 30席
克利希俱乐部 150席
极端保王党 80席

J A S O N D	J F M A M J J A S O N D	J F M A M J J A S O N D	J F M A M J J A S O N D	J F M A M J
1795	**1796**	**1797**	**1798**	**1799**

埃马纽埃尔·约瑟夫·西耶斯
1748—1836
著有广为人知的《第三等级是什么？》一书。1789年成为第三等级代表，他远离政治生涯直至1794年年底。1795年当选督政官后，因无法修改宪法而辞职，1799年再度当选。他着手策划了支持拿破仑的政变，此后一直身居高位。

拉扎尔·卡诺
1753—1823
卡诺曾为工程兵军官，1791年当选议员，1793年成为公安委员会成员，组织共和国军队。作为圣茹斯特和罗伯斯庇尔的反对派，他于1795—1797年担任督政官。1797年，由于质疑针对温和保王党的果月政变，他被迫流亡国外。最终，卡诺于1799年归附拿破仑，继续其政治生涯。

让-夏尔·皮舍格吕的证词
1793年，战功显赫的皮舍格吕从士兵一路升至北方军团指挥官。他在1795年接受了保王党的政治献金，之后被选为五百人院的成员和主席，支持天主教右翼分子。被捕后，他被驱逐到圭亚那。不久，他成功逃脱并参与计划了卡杜达尔对抗拿破仑的阴谋。

"我们穿过那个院子，两侧站立着怒气冲天的士兵。他们侮辱和威胁我们，将我们淹没。我们终于到了等候我们的马车跟前。我的老天爷！这都是什么车！简直是按照运输凶猛野兽的标准造出来的，是装在火炮车上的大棚子！前后放置的那些大铁条子让人心生好奇，透过它们可以近距离观察到被关在里面的病人。座椅就是两块木板子……70多岁的老人，残疾人，体弱多病的人，这些可怜的人注定要在这个九死一生的破装备上度过一百多里的行程。"

督政府的黑暗与光明

不完美的稳定

督政府的失败是显而易见的：政变频繁；货币崩溃；无法恢复平静的宗教生活；反革命派和盗匪的困扰也持续不断。然而，在某些领域，国家已经开始走向稳定：行政体系稳定运转；进行教育改革和精英培育；农业和工业迅速发展。这些长足的进步，在其后的执政府和拿破仑帝国时期得以延续——由于督政府时期相关的主要行政官员继续留任，这一点尤其得到保证。当然，以上变化未能惠及所有人。商业、农业和传统工业仍相对落后，而自由主义经济的政策倾向，加剧了社会不平等的现象。

督政府没有受到政局混乱的影响，从自由主义的立场出发，采用了一系列配套的经济振兴政策，支持重要的经济领域，打造良好的社会和文化环境，促进精英阶层的形成。这些政策虽然只有比较有限的短期效果，但仍可见国家的复兴进程，为日后的执政府打下了良好的基础。

98

人口

单位：百万

1790 1795 1799

出生
单位：千人　　**婚姻**　　**死亡**

行政机器

法国大革命时期确立了统计的方法，国民公会曾借助统计管控经济和社会。督政府改变了统计的职能，从"管控"转向"了解"，用于推行改革。这一政体热衷于自由主义经济原则，希望采用科学的手段，为决策提供参考。

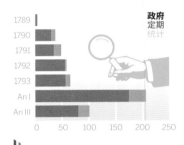

**政府
定期
统计**

1789
1790
1791
1792
1793
An I
An III

0　50　100　150　200　250

税务管理
税务体系的统一，促使该制度在整个19世纪延续使用至1917年。1797年，各省建立税务局。

建立市镇选区体系，建立土地统计图册。

共和三年芽月18日（1795年4月7日）法案确定了公制和十进制的体系，"用于重量与长度"，取消和禁止使用其他各种计量标准。

共和八年霜月19日（1799年12月10日）法案，组织制造刻度间距为1米的铂金标准米原器。该器材至今仍保存在国家档案馆的保险柜中。

教育的优势

1794年，法国开始发展精英教育。督政府建立多所精英教学机构，不断强化相关政策。然而，督政府忽视了基础教育，特别是女校的发展。

国立科技工艺学院 1794年9月29日
巴黎综合理工学院 1794—1795年
中央理工学院 1795年2月25日
法兰西学院 1795年
东方语言学院 1795年3月30日

自然博物馆
1793年建立。拿破仑远征埃及时，170名学者随军出行，他们的参与极大丰富了藏品。

卢浮宫博物馆
1793年开放。共和六年热月9日（1798年7月27日）举行仪式，古怪地庆祝"艺术与自由的双重胜利"。

经济复兴

战争曾一度迫使法国对工业产品实施配额制，颠覆了所有传统的生产方式。督政府时期，战争性质转变为对邻国的征服，政府不再受困于军事失败的威胁，也转而支持企业的发展。随着殖民地三角贸易的消亡及与英国之间的持续战争，经济发展的重心从沿海地区向内陆转移。

棉花
重建棉纺工业

工业
发展钢铁行业
1799年，
新建高炉
1 513座

外贸危机

国家政权的幕后

督政府的一大失败，在于它既无法建立人们对货币的信心，也无力建立有效的贸易和金融体系。它过度依赖银行家、投机商、军火供应商和政客。国家与整个欧洲作战，需要巨款才能维持局面，但政客却挪用国家必需的资金，中饱私囊。督政府必须要面对处于紧急状态之下的庞大市场。可是，除了采取效果可疑的各项金融政策之外，人们根本不相信它的偿付能力。政客一味贪污公款，炫耀个人财富，社会不公昭然若揭，严重削弱了督政府的体制。事实上，这一体制的崩坏，每个政客都难辞其咎。

加布里埃尔·朱利安·乌夫拉尔
1770—1846
乌夫拉尔自19岁起即进行纸制品的投机活动，与南特和波尔多的大批发商合作，1793年成为百万富翁。他一度作为志愿兵入伍，1795年重操旧业。1798年，乌夫拉尔通过投标成为法国海军的供应商，随后又包办了西班牙和意大利海军的物资供应。他富甲天下，与"塔里安夫人"卡巴鲁斯同居。乌夫拉尔深谙谙兴衰相替的道理，对不断更迭的各代政权均慷慨解囊。

大供应商

第戎
公司

弗拉沙
公司

1796年
公司为意大利军团提供军粮，收取价值300万锂的抵押物（家具、钻石等）；后负责将军队搜刮到的所有外国货币熔铸为金属锭，并收取费用。

在土地券即将退市前夕向督政府支付了1亿锂的纸币，低价购买土地券，从中投机。后丑闻曝光，但交易仍然继续进行。

1799年，兵力达600 000人的北部军团，购买了
1400 000份
肉食作为军粮，但只收到500 000份。

遭起诉，但于共和七年被判无罪。

贪腐

巴拉斯

勒贝尔

弗拉沙
公司

99

洗劫占领国

"艺术的盛典"：来自意大利的第三支货运车队的货物清单

6辆四轮马车
装载矿物、维罗纳的化石、异域的植物种子、狮子及骆驼。某些珍奇事物并非来自意大利，而来自瑞士或非洲。

6辆两轮马车
装载书籍、手稿、勋章、乐谱、东方语言的印刷品。科学与艺术支撑并美化了"自由"。

战争难以筹措足够资金

256 战争开支
41 海军开支
37 军队饷银

占领国赋税
共和四年—七年
（单位：百万）

瑞士 16
那不勒斯 30
齐萨尔皮尼共和国 40
罗马 72

总计 **457**
治安维持

总计 **158**

战争成本
共和四年，1796年（单位：百万）

国有资产拍卖
共和四年

向阿尔及尔总督贷款
200 000
皮阿斯特

向德国城市出售对荷兰作战的债券
12

国家预算
1796年

支出 **726**
收入 **476**

总计 **124**

掠夺威尼斯马车
1797年12月13日，马车雕塑[1]经海路运往意大利安科纳港，又再度登战舰，于次年4月6日抵达土伦港。雕塑先后通过罗讷河、索恩河、中央运河、卢瓦尔河、布里亚尔运河和卢万运河，进入塞纳河，7月17日抵达巴黎。1815年，马车归还威尼斯。

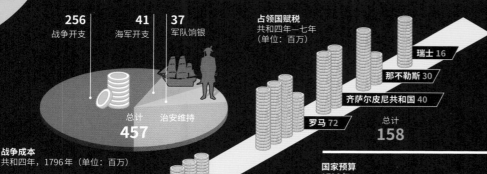

[1] 该雕塑为古罗马时期的艺术精品，13世纪由威尼斯人从君士坦丁堡掠得，置于圣马可大教堂。

革命**结束**

共和八年雾月18日—19日（1799年11月9日—10日），拿破仑宣布解散督政府，以其亲自领导的执政府代之。督政府时代轰然落幕。这段历史家喻户晓：当时，政变密谋已进行数月，并获得了元老院不少议员的支持；最后关头，拿破仑在面对五百人院部分议员的强烈反对时深感意外，曾略有迟疑，但大局已定。当然，拿破仑那天被议员揪住，狼狈不堪的画面，仍然留在人们的心中。

政治现实其实更为复杂：政变的领导核心是一个由银行家和军人组成的政治小团伙，拥有雄厚的经济实力。在核心外的第二层次，是拿破仑的政治盟友，包括那些对督政府心生厌倦、渴望结束冲突的人物，或是通过政治算计前来投奔的政客。第三层次阵营包括所有放弃抵抗、听任摆布的人。左、右两翼都有强烈反对拿破仑的人。他们不是被边缘化就是被监视，甚至抓捕。夺权之后，拿破仑派遣代表前往各个地区，进行舆论宣传和管控。至此，政变方才大功告成。随后，拿破仑于1800年在意大利连战连捷，并逼迫英国于1802年签订《亚眠条约》，使其政权真正合法化。

雾月**政变**

拿破仑·波拿巴
被任命为巴黎武装指挥，保护议员"抵御雅各宾派的巨大威胁"。守卫巴黎的大部分将士团结在拿破仑身边。

7 000
名士兵
在巴黎街头

督政官戈耶、穆兰，以及不服从拿破仑的内阁成员，均遭软禁。

债权人
得到保证。

雅各宾反对派开始行动。元老院屈服，同意解散督政府。但五百人院反对拿破仑，高呼"打倒暴君"。拿破仑在士兵的护卫下离开议会。吕西安一度离开主席的座椅，阻止意图宣布拿破仑为"法外之徒"的投票。

军人进入议会清场，随后又按法定有效的与会人数召回部分议员，以便批准督政官辞职，并宣布临时的权力真空。

建立执政府，负责恢复社会秩序。执政官由西耶斯、迪科和拿破仑担任。

另建临时立法委员会，由两个工作组构成，各25人，负责新机构的合法化。

清洗议会。
61名议员被放逐或软禁。只有雅各宾派受到严厉打击。

雾月 18 日

面对"大反攻"和"雅各宾阴谋"，"国家陷入险境"

1799

8月	9月	10月	11月

22 拿破仑离开埃及。

20 保王党军队在蒙特雷若惨败。
同时，马塞纳击败奥地利-瑞士联军。

15 有望掌握政权的茹贝尔将军
战死。

19 布鲁纳
在荷兰贝亨
击败英俄联军。

22 与俄国讲和。

15 巴黎发生政变。

9 拿破仑登陆弗雷瑞斯。
他在埃及阿布基尔
大捷的消息传遍全国。

11 执政官宣誓 "绝对忠于人民主权，忠于共和国"。派出24名代表前往法国各地，确保舆论宣传的方向，并可在必要时撤换官员，关闭俱乐部。舆论导向因人而异，或强调捍卫共和国，或强调恢复秩序。各派之间的和解指日可待。

9 元老院召开会议。 反对派缺席，次日在圣克卢城堡举行会议。

7 西耶斯起草法案，准备修改宪法。

6 巴拉斯隐退，
据传为此获得200万锂。

重要人物

西耶斯，政坛引荐人
西耶斯有诸多名言，如"信心来自下层，权威来自上层""分权以阻止暴政"等。1795年起，他一直呼吁修改宪法，目标是终结革命；通过加强政府的权威，阻止社会团体操纵政务；操控媒体。他希望限制凌驾于社会之上的国家主权，信奉人人平等的自由主义。

塔列朗-佩里戈尔，影子政客
1797年起担任拿破仑的顾问。

吕西安·波拿巴，不安定分子
行事注重效率，不讲细节。担任五百人院议长。被认为是新雅各宾派。

让-巴泰勒米·勒库特尔·德·康特勒，金融家
勒库特尔平安度过了整个大革命时代，在业内也颇有权威。他建立个人基金，投入近200万用于政变密谋。1800年，勒库特尔也是法兰西银行的创建者之一。

1788	1789	1790	1791	1792	1793

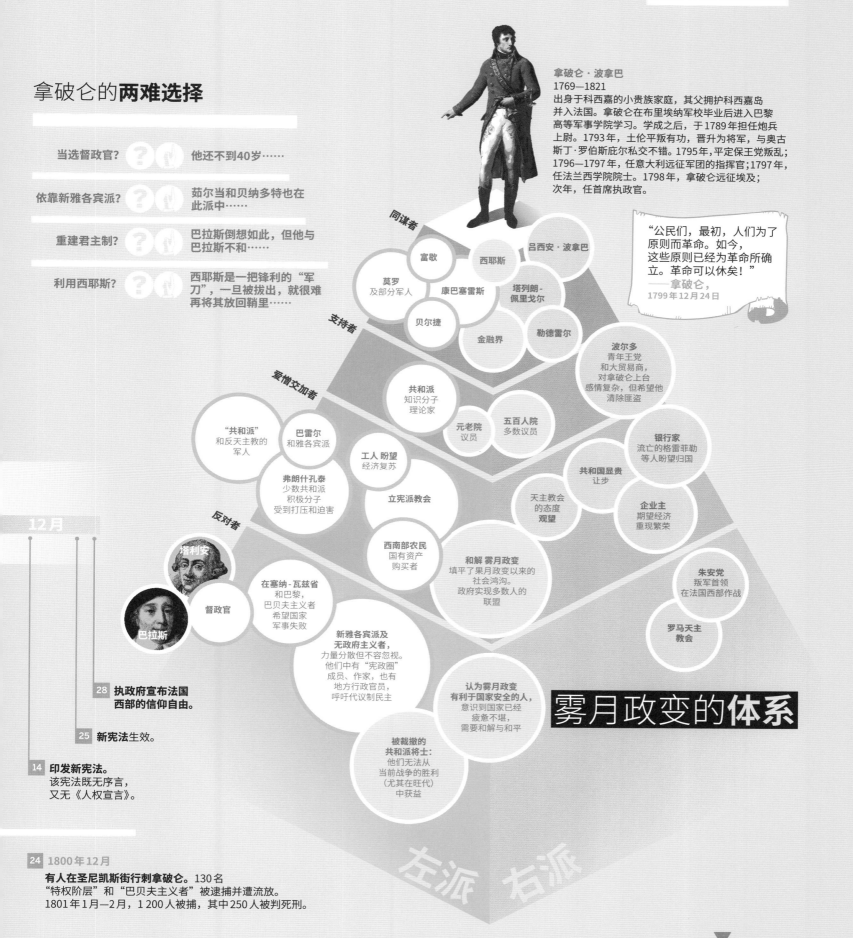

拿破仑的**两难选择**

当选督政官？ **？** 他还不到40岁……

依靠新雅各宾派？ **？** 茹尔当和贝纳多特也在此派中……

重建君主制？ **？** 巴拉斯倒想如此，但他与巴拉斯不和……

利用西耶斯？ **？** 西耶斯是一把锋利的"军刀"，一旦被拔出，就很难再将其放回鞘里……

拿破仑·波拿巴
1769—1821
出身于科西嘉的小贵族家庭，其父拥护科西嘉岛并入法国。拿破仑在布里埃纳军校毕业后进入巴黎高等军事学院学习。学成之后，于1789年担任炮兵上尉。1793年，土伦平叛有功，晋升为将军，与奥古斯丁·罗伯斯庇尔私交不错。1795年，平定保王党叛乱；1796—1797年，任意大利远征军团的指挥官；1797年，任法兰西学院院士。1798年，拿破仑远征埃及；次年，任首席执政官。

"公民们，最初，人们为了原则而革命。如今，这些原则已经为革命所确立。革命可以休矣！"
——拿破仑，
1799年12月24日

同谋者

富歇　吕西安·波拿巴

莫罗及部分军人　西耶斯

康巴塞雷斯　塔列朗-佩里戈尔

支持者

贝尔捷

金融界　勒德雷尔

波尔多
青年王党和大贸易商，对拿破仑上台感情复杂，但希望他清除匪盗

爱惜交加者

"共和派"和反天主教的军人

巴雷尔和雅各宾派

共和派
知识分子理论家

元老院议员　五百人院多数议员

工人 盼望经济复苏

弗朗什孔泰
少数共和派积极分子受到打压和迫害

立宪派教会

共和国显贵让步

银行家
流亡的格雷菲勒等人盼望归国

天主教会的态度观望

企业主
期望经济重现繁荣

反对者

塔利安

督政官

巴拉斯

在塞纳-瓦兹省和巴黎，巴贝夫主义者希望国家军事失败

西南部农民
国有资产购买者

和解 雾月政变
填平了果月政变以来的社会鸿沟。政府实现多数人的联盟

朱安党
叛军首领在法国西部作战

新雅各宾派及无政府主义者，
力量分散但不容忽视。他们中有"宪政圈"成员、作家，也有地方行政官员，呼吁代议制民主

认为雾月政变
有利于国家安全的人，意识到国家已经疲惫不堪，需要和解与和平

罗马天主教会

被裁撤的
共和派将士：
他们无法从当前战争的胜利（尤其在旺代）中获益

雾月政变的**体系**

左派 右派

12月

28 执政府宣布法国西部的信仰自由。

25 新宪法生效。

14 印发新宪法。
该宪法既无序言，又无《人权宣言》。

24 1800年12月
有人在圣尼凯斯街行刺拿破仑。 130名
"特权阶层"和"巴贝夫主义者"被逮捕并遭流放。
1801年1月—2月，1 200人被捕，其中250人被判死刑。

革命的遗产

1789—1799 年，大革命使整个法国发生了翻天覆地的变化，法国成了现代革命的榜样。之前几十年，多起革命已经改变了世界，法国大革命就在这革命的浪潮中应运而生。1789 年之后，尤其是 1792 年后，法国大革命一边高举普遍原则的旗帜，一边运用前所未有的暴力手法，开辟了一条崭新的道路。正是这二者的结合使大革命独具一格，同时也使其变得费解。

法国大革命彻底改变了世界历史

法国大革命在世界历史上有着无可置疑的重要性。证明这一点，我们需要重现自 1789—1799 年间所发生的重大事件，观察它们对大西洋沿岸欧洲和美洲的政治、经济及社会变革的巨大影响。

1789 年前，一些革命……

……已经引起了社会的不满甚至反抗。

工业革命
开始起步，受自由主义政策支撑

经济革命
主要与殖民地开发、农业改善、工业进步相关

政治革命
加强中央政权，合理化改革行政，特别是税收的合理化

✝ **世俗革命**
主要在社会关系方面

比利时 1786
荷兰 1780
法国 1771—1774
丹麦 1770
爱尔兰 1782
瑞典 1788
奥地利 1785
波兰 1787
日内瓦 1782

① 继**英国**后，革命在北欧传播开来

⑤ 英国殖民地

② 欧洲君主横征暴敛引起的起义与**革命**

美洲殖民地 1770—1775

墨西哥 1770

海地 1791

④ 安的列斯群岛爆发革命

安第斯 1778

秘鲁 1780

马格里布地区

⑥ 奥斯曼帝国

非洲

③

18 世纪末的革命扩张
① ② ③ ④

未参加革命的地区
⑤ ⑥ ⑦

有的国家地区试图抗拒革命（加拿大殖民地区，奥斯曼帝国），有的深受革命之苦（遭受贩运奴隶和殖民化的非洲地区），有的则未受牵连。

● **1789 年后，"雅各宾派"网络**
欧洲君主对雅各宾派的指责，使法国被孤立。

1788 | 1789 | 1790 | 1791 | 1792 | 1793

断裂的**法国**

1789 年，法国势必通过寻求基于自由、平等和正义的普遍原则重建一个社会，以此来质疑一切传统。其政治上的革新震惊了整个世界，并在接下来的几个世纪里促进了大批革命事件的发生。与此同时，由政治斗争引发的暴力事件（尤其是 1792 年的九月惨案和1793 年的国王斩首事件）引起了外国观察家的巨大反感——最拥护法国革命者亦不例外。

比利时 姐妹共和国

或被征服的国家
19 世纪到 20 世纪末，由法国大革命激发的革命浪潮。

法国大革命先后在欧洲和亚洲激发了多个革命团体的诞生。19 世纪，这些团体坚持斗争，直至最终以革命方式夺取政权。

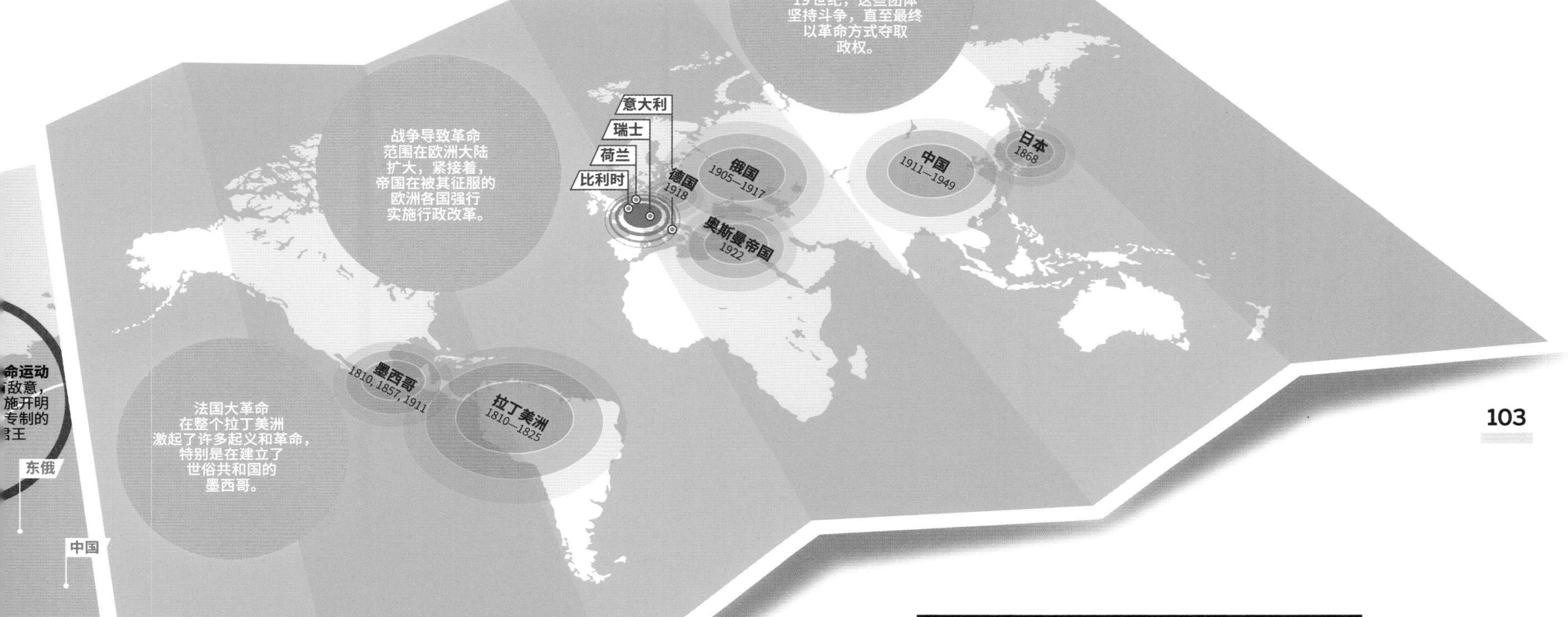

战争导致革命范围在欧洲大陆扩大，紧接着，帝国在被其征服的欧洲各国强行实施行政改革。

意大利
瑞士
荷兰
比利时
德国 1918
俄国 1905-1917
奥斯曼帝国 1922
中国 1911-1949
日本 1868

墨西哥 1810, 1857, 1911
拉丁美洲 1810-1825

法国大革命在整个拉丁美洲激起了许多起义和革命，特别是在建立了世俗共和国的墨西哥。

命运动
敌意，施开明专制的君王

东俄

中国

度

太平洋

1792 年后，变革

法国大革命被认为是世界变革的典范和进步的源泉。卡尔·马克思特别对法国这一范例进行了研究和评论。

有两位德国思想家都曾高度评价了 1789 年的攻占巴士底狱事件，并揭示了其影响。黑格尔说，有了法国大革命"人们就要开始无理性地行动"，因为革命把人的想法放在高于一切的位置。随后，马克思反驳黑格尔将"恐怖"理解为世界历史中不可或缺的"消极"因子。荷尔德林将法国大革命视为椭圆形的革命，具有"偏心轨道"——如天体的轨道一样，围绕两个中心旋转。这两个中心同等重要且不可分割，彼此否定却又相互补充；在不同时段，其中一个或另一个发挥着主导作用。

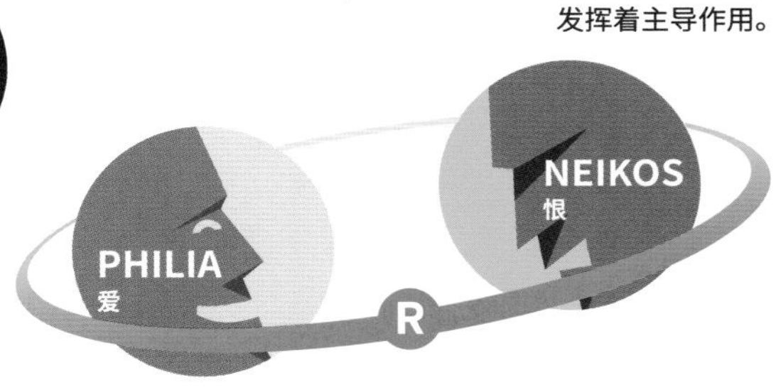

NEIKOS
恨

PHILIA
爱

R

| 1795 | 1796 | 1797 | 1798 | 1799 |

不稳定的**平衡**

难以阐明的**原则**

"人＝公民"这个等式，从古希腊罗马时代到文艺复兴时期，一直是个棘手的问题。那时，人群有社会身份之别。随着现代的到来和大革命的发生，抽象意义上的公民身份和公民的"社会身份"之间开始建立衔接关系。到了现代，不同的公民身份和"少数群体"都得到承认。

自由，平等，博爱

共和国的口号众所周知，人们通常将它归功于大革命。然而，这个口号的首次提及要追溯到1848年，而后至1880年这段时间又逐渐被遗忘。但它最终被收入1958年10月4日的法国宪法第2条："自由、平等、博爱是法兰西共和国的国家格言。"

此口号的历史是复杂的，三个词语之间并不存在稳定的关联性。理解其产生，更应置于尊重和产权的背景下。

1791年、1793年和1795年宪法赋予的神圣权利

| 自由 | 平等 | 安全 | 产权 |

《人权宣言》第1条规定："人生来就是而且始终是自由的，在权利方面一律平等。社会差别只能建立在公益基础之上。"

1793年颁布的《人权和公民权利宣言》明确规定："在自然和法律面前，人人平等……自由是属于人们的权利，允许人们做一切只要不损害其他公民权利的事情；它以自然为原则；以正义为准则；以法律为庇护；它的道德界限可以用这条格言揭示：己所不欲，勿施于人。"

如何找到平衡点？
两百年来这一点始终存在争议。
请大家注意，18世纪，女性还没有政治参与权。

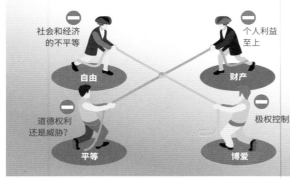

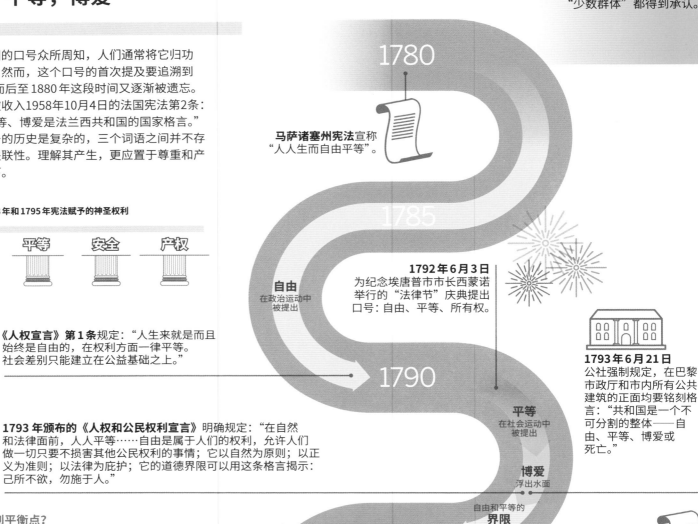

马萨诸塞州宪法宣称"人人生而自由平等"。

1792年6月3日
为纪念埃唐普市市长西蒙诺举行的"法律节"庆典提出口号：自由、平等、所有权。

1793年6月21日
公社强制规定，在巴黎市政厅和市内所有公共建筑的正面均要铭刻格言："共和国是一个不可分割的整体——自由、平等、博爱或死亡。"

1795年
《人权和公民权利宣言》：
"己所不欲，勿施于人；欲人施己，先恒施于人。""平等的意义就在于，法律面前，人人对等，无论是享有保护还是遭受惩罚。平等无关贵贱，也无关世袭。"巴贝夫将少数人的幸福置于民众专政的对立面。

概念的诞生：
"左派"与"右派"

1789 年秋天，三级会议的代表习惯按照政治倾向分席而列：会议时，革命激进派会优先选择议会主席左手边的位置，而贵族或"黑帮"则会择其右侧而坐。这种布局在此后召开的议会上延续下来，直至构成今日法国政治的基础格局。

所有的议会都能找到属于自己的平衡点。但对于大革命这段时期而言，我们似乎可以通过解析主要参与者的立场，来认识左翼和右翼之间存在的重大分歧。

有分歧的问题……	开放性问题……
实现生产和贸易的经济自由还是实施价格管制？	宗教、世俗化及政教分离问题
该不该对罗马天主教会持宽容态度？	国家干预问题
如何看待政府的权威性？	是否为所谓"资产阶级的革命"放弃原则？
如何对待极端派、无套裤汉和王党？	一致同意"将女性排斥在政治生活之外"

半圆形会场的诞生

1789 年 11 月 9 日—1793 年 5 月 9 日，早期的议会在马内日大厅内唇枪舌剑。不久后，议会迁入杜伊勒里宫的戏剧大厅，半圆形会场就诞生于此。与设在长方形场地四周的看台相比，显然在半圆形会场内，交流更加方便。

政治倾向的形成

是强调当局权威，还是要求社会平等，将左翼和右翼置于鲜明的对立面。在宗教自由和经济自由的问题上，双方的立场区别更为明显。

左侧图表

自由

商业

宗教 †

受控制的经济

米拉博

路易十六

巴纳夫

1789
1790
1791

布里索

巴雷尔

罗伯斯庇尔

1792

1793

塔利安

1794
1795
1796
1797
1798

巴拉斯

拿破仑

1799

无套裤汉派拥护者

贵族政治拥护者

权力机关

议会

国王

该口号首次出现于 1848 年 2 月 27 日。 1848

国民议会

人民和国家
的定义极其模糊

"国民议会是由法兰西人民代表组成的议会。"
1789 年《人权宣言》

"国家主权是不可分割的整体，不可剥夺并不受时效控制。国家主权属于国家。"
1791 年《人权和公民权利宣言》第 1 条

法兰西人民

"国民公会宣布，不存在任何不为人民所接受的宪法；公民的人身和财产都受到国家的保护。"
1792 年 9 月 21 日（1793 年重印）

"法兰西人民，在最高主宰的神圣见证下，对人类和公民的权利义务，庄严宣誓如下。"
1795 年

法兰西共和国

"王国是一体的，不可分割。"
1791 年

"国民大会宣布法兰西共和国是一体的，不可分割的。"
1792 年 9 月 25 日

"法兰西共和国是一体的，不可分割的。"
1795 年

统一性和不可分割性
人们始终执念于统一性，即使其主体不断变化。

人民、民族、起义、国家……
一些有待争议的词语

你们是否知道，1958 年 10 月 4 日，法兰西第五共和国的宪法确立了"民有、民治、民享"的政府？其实，这部宪法在多大程度上受到大革命的影响，是很难确定的。举个例子，简单地阅读一下革命十年间所颁布的各部宪法和权利（及义务）宣言我们就会发现，立法者在"人民"和"民族"两词的选择上，始终犹豫不决。即使 1795 年宪法（共和三年，督政府的宪法）也避免使用"民族"一词，对"人民"的使用，也颇为谨慎。因此，本页的目的在于展现一些基本政治概念在用法上的发展历程。在瓦尔密的战斗中，法军士兵既没有高呼过"人民"，也没有高呼过"祖国"。那么，法兰西"民族"真的诞生于瓦尔密吗？

自由安全

"任何政治社团都应竭力维护人的自然权利和人不可受侵犯的权利。这就是享有自由、财产、安全和反抗压迫的权利。"
1789 年，第 2 条

"这些权利（自然并不可侵犯的）覆盖平等、自由、安全、财产。"
1793 年，第 2 条

人权
在那个年代，财产是自由的保障。不理解这一点，我们就无法理解：在法国大革命的不同历史阶段内，人权的内容大体一致。

"法律必须同时保护公共自由和个人自由，使其免受统治者的压迫。"
1793 年，第 9 条

"人在社会中享有的权利包括自由、平等、安全、财产。"
1795 年，第 1 条

全民

"国家主权是一体的，不可分割、不可剥夺，不受时效控制。它属于国家；任何人民部门、任何个人都无权行使它。"
1791 年

主权
由全体公民构成的人民

人民至高无上

"主权人民由法国公民全民组成。"
1793 年

"法国公民全民即是国家主权。"
1795 年

抵抗和压迫
令人尴尬，且严格意义上无法实施的权利

没有任何条款提及"抵抗"、"压迫"和"起义"。
1795 年

"反抗压迫是与生俱来、不可剥夺的四项人权之一。"
1789 年

"当政府侵犯人民的权利时，起义对于人民整体和人民中的每一分子来说，都是最神圣的权利以及最需履行的义务。"
1793 年，第 35 条

起义

全体人民

"只要法律提出了捍卫祖国和基本原则的要求，每个公民都应该为自己的祖国出力，为维护自由、平等和财产做出贡献。"
1791 年

"共和国的总体力量是由全体法国人民构成的。"
"所有法国人都是国家的卫兵。"
1793 年

"建立武装力量是为了保卫国家免受外部敌人的侵犯，同时也确保维护国家内部秩序和法制。"
1795 年

平等财产

祖国和军队
人民愿意为国捐躯，以此表明对主权的坚定维护。

公民

| 1788 | 1789 | 1790 | 1791 | 1792 | 1793 |

剥夺权利，维护国家的特殊性

三部宪法均规定了
法国公民丧失公民资格的
条件：

· 加入外国国籍

排除在外

1791
· 因犯罪被剥夺政治权利
· 由血缘关系加入国外骑士团，或加入天主教修会

1793
· 接受非人民政府给予的职务或恩惠
· 被判处过加辱刑或身受刑，直至恢复名誉

1795
· 加入任何以出身作为条件或硬性要求宗教宣誓的外国组织
· 接受外国政府提供的职务或养老金
· 被判处过加辱刑或身受刑，直至恢复名誉

被国家驱逐的公民和不复存在的人民

公民身份并不是与生俱来的。当其与法律或是与法律持有相同立场的宪法相违背之时，即可被剥夺。另一方面，据情势不同，公民的政治属性有很大的波动性，尤其取决于相关个体是否接受国家主流的革命价值观。只有"人民"才有权在国家范围内行动，但总有某些社会群体被整体逐出"人民"行列。卢梭的一系列著作中都提到过：那些不遵守社会契约的人，在人民和国家心中都没有一席之地，只配在被流放和死亡之间做出选择。随着时间的推移，从法律或事实层面剥夺公民权的相关举措，都对"公民身份"以及"人民"的定义提出了越来越高的限制，从而衍生出"人民公敌"这一极不精确的污名化的称号。归根结底，"人民"的定义取决于某些政治及道德标准。这些标准将个体彼此隔离开来，面对一个政治精英群体；而所谓"政治精英"的选拔标准，是他们社会政治地位的重要性。1799年之后，仍然只有男性方享有政治公民权，反对政权不再被视为对国家的背叛，而是被定义为不法行为甚至犯罪。"人民"不复存在了吗？

法国大革命把它宝贵的经验、远大的抱负、美好的憧憬馈赠给了后人，这段历史至今仍值得我们研究和深思。

西耶斯将王国的第三等级等同于"国家"，将来自法兰克异邦的贵族阶层排除在外。

1789 年
三级会议

选民
有参选资格
无参选资格

一家之主
满25岁

1793
居住6个月以上

监督委员会认定的嫌疑人

1795
寻找最诚实的公民……

从巴黎驱逐出来的贵族

威胁到国家安全或尊严的人民公敌

流亡贵族

获得公民证书的人

满21岁

有工作

注册登记的选民（在巴黎需缴纳9锂税）

注册登记的选民（在巴黎收入9锂）

1792

1790

五百人院成员

满30岁

满40岁

元老院成员

"违反法律的人"

"不够格"的民选代表和公务人员

拒绝服从法国法律的比利时人

1794

土地法的拥护者或武装反革命分子

流亡贵族

拥有或出租一处房产达100～250天

至少缴满3天

支付1银马克[1]的业主

可判处死刑

1795   1796   1797   1798   1799

107

[1] 古时金、银的重量单位，约等于8盎司。

参考书目

英文缩写

AHRF：法国大革命历史年鉴（Annales historiques de la Révolution française）

全面的革命

BÉLISSA Marc et COTTRET Bernard (dir.), *Cosmopolitismes, patriotismes. Europe et Amériques, 1773-1802*, Rennes, Les Perséides, 2005.

CAMUS Albert, *L'Homme révolté*, Paris, Gallimard, 1951.

CHARTIER Roger, *Les Origines culturelles de la Révolution française*, Paris, Seuil, 1990.

DARNTON Robert, *La Fin des Lumières. Le mesmérisme et la Révolution*, Paris, Perrin, 1984.

DZIEMBOWSKI Edmond, *Le Siècle des révolutions, 1660-1789*, Paris, Perrin, 2019.

HAHN Roger, *Le Système du monde. Pierre Simon Laplace. Un itinéraire dans la science*, Paris, Gallimard, 2004.

JOURDAN Annie, *La Révolution, une exception française ?*, Paris, Flammarion, 2004.

—, *La Révolution batave entre la France et l'Amérique (1795-1806)*, Rennes, Presses universitaires de Rennes, 2008.

MARTIN Jean-Clément, *Nouvelle histoire de la Révolution française*, Paris, Perrin, 2012.

REY Alain, *« Révolution ». Histoire d'un mot*, Paris, Gallimard, 198

从三级会议到国民议会，一个国家的诞生

LEMAY Edna H., *La Vie quotidienne des députés aux États généraux, 1789*, Paris, Hachette, 1987.

LEMAY Edna H. et PATRICK Alison, *Revolutionaries at Work*, Oxford, Voltaire Foundation, 1996.

NICOLAS Jean, *La Rébellion française*, Paris, Seuil, 2002.

TACKETT Timothy, *Par la volonté du peuple*, Paris, Albin Michel, 1997.

攻占巴士底狱

BOCHER Héloïse, *Démolir la Bastille*, Paris, Vendémiaire, 2012.

La Déclaration des droits de l'homme et du citoyen, présentation S. Rials, Paris, Hachette, 1989.

GODECHOT Jacques, *La Prise de la Bastille*, Paris, Gallimard, 1965.

LÜSEBRINK Hans-Jürgen et REICHARDT Rolf, *The Bastille : A History of a Symbol of Despotism and Freedom*, Durham, Duke University Press, 1997.

MARKOVIC Momcilo, *Paris brûle ! L'incendie des barrières de l'octroi en juillet 1789*, Paris, L'Harmattan, 2019.

瓦雷讷，国王的逃亡

COUDART Laurence, *La « Gazette de Paris ». Un journal royaliste pendant la Révolution*, Paris, L'Harmattan, 1995.

GIRAULT DE COURSAC Paul et GIRAULT DE COURSAC Pierrette, *Sur la route de Varennes*, Paris, La Table ronde, 1984.

HUSSENET Jacques, *Louis XVI, le prisonnier de Varennes*, Varennes-en-Argonne, Éditions Terre d'Argonne 2018.

LENOTRE G., *Le Drame de Varennes, juin 1791*, Paris, Perrin, 1905.

REINHARD Marcel, *La Chute de la royauté*, Paris, Gallimard, 1969.

1792 年 8 月 10 日，二次革命

« Les Massacres de septembre 1792 », *Revue de l'Institut catholique de Paris, 44*, 1992.

BERGÈS Louis, *Valmy, le mythe de la République*, Toulouse, Privat, 2001.

BERTAUD Jean-Paul (éd.), *Valmy*, Paris, Julliard, 1970.

BLANNING T. C. W., *The French Revolutionary Wars, 1787-1802*, Londres, Arnold, 1996.

BLUCHE Frédéric, *Septembre 1792. Logiques d'un massacre*, Paris, Robert Laffont, 1986.

CZOUZ-TORNARE Alain-Jacques, *10 août 1792. Les Tuileries*, Lausanne, Presses polytechniques et universitaires romandes, 2012.

—, « Les Suisses dans la guerre de Vendée », *Annales de Bretagne et des pays de l'Ouest*, vol. 101, nᵒ 4, 1994, p. 37-57.

DELPONT Hubert, *La Victoire des croquants*, Nérac, Amis du Vieux Nérac, 2002.

DUPUY Roger, *De la Révolution à la chouannerie*, Paris, Flammarion, 1988.

GUILHAUMOU Jacques, *Marseille républicaine (1791-1793)*, Paris, Presses de la Fondation nationale des sciences politiques, 1992.

HUBLOT Emmanuel, *Valmy ou la défense de la nation par les armes*, Paris, Fondation pour les études de défense nationale, 1987.

MARTIN Jean-Clément, *L'Exécution du roi, 21 janvier 1793*, Paris, Perrin, 2021.

REINHARD Marcel, *La Chute de la royauté*, Paris, Gallimard, 1969.

SOTTOCASA Valérie, *Mémoires affrontées*, Rennes, Presses universitaires de Rennes, 2004.

国王、王后和大革命

BECQUET Hélène, *Marie-Thérèse de France. L'orpheline du Temple*, Paris, Perrin, 2012.

—, *Louis XVII. L'enfant roi*, Paris, Perrin, 2017.

COUDART Laurence, *La « Gazette de Paris ». Un journal royaliste pendant la Révolution*, Paris, L'Harmattan, 1995.

DUPRAT Annie, *Le Roi décapité*, Paris, Cerf, 1992.

—, *Les Rois de papier*, Paris, Belin, 2002.

MARTIN Jean-Clément, *L'Exécution du roi, 21 janvier 1793*, Paris, Perrin, 2021.

STAËL Madame de, *Réflexions sur le procès de la reine*, présenté et annoté par M. Cottret, Paris, Les Éd. de Paris, 2006.

1789 年 10 月，女性的爆发

ABERDAM Serge, « Deux occasions de participation féminine en 1793 : le vote sur la Constitution et le partage des biens communaux », *AHRF*, 339, 2005, p. 17-34.

BLANC Olivier, *Marie-Olympe de Gouges, une humaniste à la fin du XVIIIe siècle*, Belaye, René Viénet, 2003.

BRIVE Marie-France (éd.), *Les Femmes et la Révolution française*, Toulouse, Presses universitaires du Mirail, 1991.

FAURÉ Christine, « Doléances, déclarations et pétitions, trois formes de la parole publique des femmes sous la Révolution », *AHRF*, 344, 2006, p. 5-25.

GODINEAU Dominique, *Citoyennes tricoteuses. Les femmes du peuple à Paris pendant la Révolution française*, Aix-en-Provence, Alinéa, 1988.

GUILLON Claude, « Pauline Léon, une républicaine révolutionnaire », *AHRF*, 344, 2006, p. 147-159.

—, *Robespierre, les femmes et la Révolution*, Paris, Éditions IMHO, 2021.

LANDES Joan B., *Women and the Public Sphere in the Age of the French Revolution*, Ithaca, Cornell University Press, 1988.

MABO Solenn, *Les citoyennes, les contre-révolutionnaires et les autres : participations, engagements et rapports de genre dans la Révolution française en Bretagne*, thèse, Rennes 2, 2019.

MARTIN Jean-Clément, *La Révolte brisée*, Paris, Armand Colin, 2008.

教会危机与三级会议

BLUMENKRANZ Bernhard et SOBOUL Albert (dir.), *Les Juifs et la Révolution française*, Paris, Commission française des archives juives, 1989.

CHOPELIN Paul, *Ville patriote et ville martyre. Lyon, l'Église et la Révolution (1788-1805)*, Paris, Letouzey & Ané, 2010.

CORBIN Alain, *Les Cloches de la terre*, Paris, Albin Michel, 1994.

COUSIN Bernard et al., *La Pique et la croix*, Paris, Centurion, 1989.

EDELMAN Nicole, *Voyantes, guérisseuses et visionnaires en France, 1785-1914*, Paris, Albin Michel, 1995.

LEFLON Jean, « Notre-Dame de Paris pendant la Révolution », *Revue d'histoire de l'Église de France*, 147, 1964, p. 109-124.

MAIRE Catherine (éd.), *Jansénisme et Révolution*, Paris, Chroniques de Port-Royal, 1990.

MARÉCHAUX Xavier, *Noces révolutionnaires*, Paris, Vendémiaire, 2017.

PIERRE Constant, *Les Hymnes et chansons de la Révolution*, Paris, Imprimerie nationale, 1904.

PLONGERON Bernard, *Conscience religieuse en Révolution*, Paris, A. et J. Picard, 1969.

— (dir.), *Les Défis de la modernité (1750-1840). Histoire du christianisme, des origines à nos jours*, t. X, Paris, Desclée, 1997.

— (dir.), *Pratiques religieuses dans l'Europe révolutionnaire (1770-1820)*, Turnhout, Brepols, 1988.

SOTTOCASA Valérie, *Mémoires affrontées*, Rennes, Presses universitaires de Rennes, 2004.

TACKETT Timothy, *La Révolution, l'Église, la France*, Paris, Cerf, 1986.

财产权革命

BODINIER Bernard et TEYSSIER Éric, *L'Événement le plus important de la Révolution. La vente des biens nationaux*, Paris, Société des études robespierristes/Éd. du CTHS, 2000.

État, finances et économie pendant la Révolution française, Paris, Comité pour l'histoire économique et financière de la France, 1991.

GODECHOT Jacques, *Les Institutions de la France sous la Révolution et l'Empire*, Paris, Presses universitaires de France, 1951.

HINCKER François, *La Révolution française et l'économie : décollage ou catastrophe ?*, Paris, Nathan, 1989.

LEMARCHAND Guy, « La féodalité et la Révolution française : seigneurie et communauté paysanne (1780-1799) », *AHRF*, 242, 1980, p. 536-558.

SPANG Rebecca L., *Stuff and Money in the Time of the French Revolution*, Cambridge, Harvard University Press, 2015.

殖民地与废奴运动

BENOT Yves, *La Révolution française et la fin des colonies*, Paris, La Découverte, 1988.

DORIGNY Marcel (dir.), *Esclavage, résistances et abolitions*, Paris, Éd. du CTHS, 1999.

— (dir.), *Haïti, première république noire*, Paris, Association pour l'étude de la colonisation européenne, 2007.

GAINOT Bernard, *Les Officiers de couleur dans les armées de la République et de l'Empire (1792-1815)*, Paris, Karthala, 2007.

GASPAR David B. et GEGGUS David P. (dir.), *A Turbulent Time : The French Revolution and the Greater Caribbean*, Bloomington, Indiana University Press, 1997.

MARTIN Michel L. et YACOU Alain (dir.), *Mourir pour les Antilles*, Paris, Éd. Caribéennes, 1991.

PÉROTIN-DUMON Anne, *La Ville aux îles, la ville dans l'île. Basse-Terre et Pointe-à-Pitre, Guadeloupe, 1650-1820*, Paris, Karthala, 2000.

POPKIN Jeremy D., *Facing Racial Revolution*, Chicago, University of Chicago Press, 2007.

—, *You Are All Free : The Haitian Revolution and the Abolition of Slavery*, Cambridge, Cambridge University Press, 2010.

RÉGENT Frédéric, *La France et ses esclaves. De la colonisation aux abolitions*, Paris, Grasset, 2007.

WANQUET Claude, *La France et la première abolition de l'esclavage 1794-1802*, Paris, Karthala, 1998.

军事革命

ALZAS Nathalie, *L'effort de guerre dans le département de l'Hérault pendant la Révolution française (vers 1789-1799)*, thèse, Aix-Marseille 1, 2003.

BERTAUD Jean-Paul, *La Révolution armée*, Paris, Robert Laffont, 1979.

BLANNING T. C. W., *The French Revolutionary Wars, 1787-1802*, Londres, Arnold, 1996.

BRANDA Pierre, *Le Prix de la gloire*, Paris, Fayard, 2007.

COBB Richard, *Les Armées révolutionnaires, instrument de la Terreur dans les départements, avril 1793-floréal an II*, Paris/La Haye, Mouton et Cie, 1961-1963.

DRÉVILLON Hervé et WIEVIORKA Olivier (dir.), *Histoire militaire de la France*, Paris, Perrin, t. 1, 2018.

GODECHOT Jacques, *La Grande Nation*, Paris, Aubier Montaigne, 1983.

JARROUSSE Frédéric, *Auvergnats malgré eux*, Clermont-Ferrand, Institut d'études du Massif Central-Centre d'histoire des entreprises et des communautés, 1998.

MARCETTEAU-PAUL Agnès, *Volontaires nantais à l'armée des Pyrénées*, Laval, Siloë, 1993.

MARTIN Marc, « Journaux d'armées au temps de la Convention », *AHRF*, 210, 1972, p. 567-605.

PALASTI Ladislas, « Soldats de la Révolution française en captivité à Szeged », *AHRF*, 261, 1985, p. 353-364.

PARKER Geoffrey, *La Révolution militaire*, Paris, Gallimard, 1993.

SOBOUL Albert, « Sur la mission de Saint-Just à l'armée du Rhin (Brumaire an II) », *AHRF*, 136, 1954, p. 193-231.

什么是"恐怖统治"？

ARASSE Daniel, *La Guillotine et l'imaginaire de la Terreur*, Paris, Flammarion, 1987.

BACZKO Bronislaw, *Comment sortir de la Terreur. Thermidor et la Révolution*, Paris, Gallimard, 1989.

BERGER Emmanuel, *La Justice pénale sous la Révolution. Les enjeux d'un modèle judiciaire libéral*, Rennes, Presses universitaires de Rennes, 2008.

BIARD Michel (dir.), *Les Politiques de la Terreur, 1793-1794*, Rennes, Presses universitaires de Rennes, 2008.

—, *Missionnaires de la République*, Paris, Vendémiaire, 2015.

BIARD Michel et LEUWERS Hervé (dir.), *Visages de la Terreur*, Paris, Armand Colin, 2014.

BINDMAN David, *The Shadow of the Guillotine*, Londres, British Museum Publications, 1989.

BRUNEL Françoise, *1794. Thermidor, la chute de Robespierre*, Bruxelles, Éd. Complexe, 1989.

FURET François (dir.), *The Terror*, Londres/New York, Pergamon Press, 1995.

GREER Donald, *The Incidence of the Terror during the French Revolution : A Statistical Interpretation*, Cambridge, Harvard University Press, 1935.

JOURDAN Annie, « Les discours de la terreur à l'époque révolutionnaire (1776-1789). Étude comparative sur une notion ambiguë », *French Historical Studies*, vol. 36, n° 1, 2013, p. 51-81.

MARTIN Jean-Clément, *Robespierre. La fabrication d'un monstre*, Paris, Perrin, 2016.

—, *La Terreur*, Paris, Perrin, 2017.

—, *Les Échos de la Terreur. Vérités d'un mensonge d'État, 1794-2001*, Paris, Belin, 2018.

MICKELER Guillaume, « L'"abolition" de la peine capitale en Russie au XVIIIe siècle », *Revue historique de droit français et étranger*, vol. 87, n° 1, 2009, p. 41-57.

MUCHEMBLED Robert, *Le Temps des supplices*, Paris, Armand Colin, 1992.

SÉDILLOT René, *Le Coût de la Révolution française*, Paris, Perrin, 1987.

头号公敌：旺代

BILLAUD Auguste, *La Guerre de Vendée*, Fontenay-le-Compte, 1967.

CAVOLEAU Jean-Alexandre, *Statistque de la Vendée*, Fontenay-le-Compte, 1844.

DUPÂQUIER Jacques, « La guerre de Vendée : combien de morts ? Quelques hypothèses », *Société d'émulation de la Vendée*, 1998, p. 411-423.

HUSSENET Jacques (dir.), *« Détruisez la Vendée ! »*, La Roche-sur-Yon, Éd. du CVRH, 2007.

LAGRÉE Michel et ROCHE Jehanne, *Tombes de mémoire*, Rennes, Éd. Apogée, 1993.

LENNE Guy-Marie, *Les Réfugiés de la guerre de Vendée de 1793 à 1796*, La Crèche, Geste éditions, 2003.

MARTIN Jean-Clément, *La Guerre de Vendée*, Paris, Points, 2014.

—, *La Vendée de la mémoire, 1800-2018*, Paris, Perrin, 2019.

ROLLAND-BOULESTREAU Anne, *Les Colonnes infernales. Violences et guerre civile en Vendée militaire (1794-1795)*, Paris, Fayard, 2015.

—, *Guerre et paix en Vendée, 1794-1796*, Paris, Fayard, 2019.

SÉCHER Reynald, *Le Génocide franco-français. La Vendée-Vengé*, Paris, Presses universitaires de France, 1986.

叛乱、战士与盗匪

ADO Anatoli, *Paysans en Révolution. Terre, pouvoir et jacquerie (1789-1794)*, Paris, Société des études robespierristes, 1996.

BARLET Philippe, « Les sans-culottes aux champs : mentalités révolutionnaires dans les comités de surveillance du district de La Châtre (Indre) en l'an II », *111e Congrès national des sociétés savantes*, Paris, 1986, p. 171-188.

BOUTIER Jean, *Campagnes en émoi*, Treignac, Les Monédières, 1987.

BOUTON Cynthia, « Les mouvements de subsistance et le problème de l'économie morale sous l'ancien régime et la Révolution française », *AHRF*, 319, 2000, p. 71-100.

BRUNET Michel, *Le Roussillon. Une société contre l'État, 1780-1820*, Perpignan, Trabucaire, 1990.

BURSTIN Haim, *L'Invention du sans-culotte*, Paris, Odile Jacob, 2005.

CUBELLS Monique, « Les mouvements populaires du printemps 1789 en Provence », *Provence historique*, 145, 1986, p. 309-323.

DELPONT Hubert, *La Victoire des croquants*, Nérac, Amis du Vieux Nérac, 2002.

GUILLON Claude, *Deux enragés de la Révolution : Leclerc de Lyon et Pauline Léon*, Quimperlé, Éditions La Digitale, 1993.

JESSENNE Jean-Pierre (dir.), *Du Directoire au Consulat*, t. 3 : *Brumaire dans l'histoire du lien politique et de l'État-nation*, Villeneuve-d'Ascq, CRHEN-O, 2001.

MAGNIEN Émile, *Histoire de Mâcon et du Mâconnais*, Mâcon, Édition des Amis du Musée de Mâcon, 1971.

MAZAURIC Claude, *Gracchus Babeuf*, Montreuil, Le Temps des Cerises, 2020.

NICOLAS Jean, *La Rébellion française*, Paris, Seuil, 2002.

—, *La Révolution française et le monde rural*, Paris, Éd. du CTHS, 1989.

ROMANS Bruno, « Le brigandage dans les Bouches-du-Rhône sous le Directoire », mémoire de maîtrise, Université de Provence, 2003.

SOBOUL Albert, *Les Sans-Culottes parisiens en l'an II*, Paris, Librairie Clavreuil, 1958.

SOTTOCASA Valérie (dir.), *Les Brigands. Criminalité et protestation politique (1750-1850)*, Rennes, Presses universitaires de Rennes, 2013.

—, *Les Brigands et la Révolution. Violences politiques et criminalité dans le Midi (1789-1802)*, Seyssel, Champ Vallon, 2016.

TØNNESSON Kåre D., *La Défaite des sans-culottes : mouvement populaire et réaction bourgeoise en l'an III*, Oslo/Paris, Presses universitaires/R. Clavreuil, 1959.

ZYSBERG André, *L'Affaire d'Orgères (1790-1800)*, Chartres, Société archéologique d'Eure-et-Loir, 1985.

反革命

CARPENTER Kirsty et MANSEL Philip (dir.), *The French « émigrés » in Europe and the Struggle against Revolution, 1789-1814*, Basingstoke, MacMillan Press, 1999.

DI RIENZO Eugenio (dir.), *Nazione e Controrivoluzione nell'Europa contemporanea 1799-1848*, Milan, Guerini e associati, 2004.

DIESBACH Ghislain de, *Histoire de l'émigration : 1789-1814*, Paris, Grasset, 1975.

GODECHOT Jacques, *La Contre-révolution. Doctrine et action*, Paris, Presses universitaires de France, 1984.

LEBRUN François et DUPUY Roger (éd.), *Les Résistances à la Révolution*, Paris, Imago, 1987.

MARTIN Jean-Clément, *Contre-Révolution, Révolution et Nation en France, 1789-1799*, Paris, Seuil, 1998.

— (dir.), *Guerre et répression. La Vendée et le monde*, Nantes, Ouest éditions, 1993.

— (dir.), *Dictionnaire de la Contre-Révolution*, Paris, Perrin, 2011.

MIDDELL Matthias *et al.* (dir.), *Widerstände gegen Revolutionen, 1789-1989*, Leipzig, Leipziger Universitätsverlag, 1994.

WAGNER Michael, *Gegenrevolution und England*, Munich, R. Oldenbourg, 1994.

督政府，大革命最后的火焰

BOURDIN Philippe et GAINOT Bernard (éd.), *La République directoriale*, Clermont-Ferrand, Société des études robespierristes, 1997.

DHOMBRES Nicole et DHOMBRES Jean, *Naissance d'un nouveau pouvoir : sciences et savants en France, 1793-1824*, Paris, Payot, 1989.

État, finances et économie pendant la Révolution française, Paris, Comité pour l'histoire économique et financière de la France, 1991.

GAINOT Bernard, *1799, un nouveau Jacobinisme ?*, Paris, Éd. du CTHS, 2001.

GUÉGAN Isabelle, *Inventaire des enquêtes administratives et statistiques, 1789-1795*, Paris, Éd. du CTHS, 1991.

JESSENNE Jean-Pierre *et al.* (dir.), *Du Directoire au Consulat*, Villeneuve-d'Ascq, CRHEN-O, 4 vol., 1998-2001.

LEFEBVRE Georges, *La France sous le Directoire, 1795-1799*, Paris, Éditions sociales, 1984.

LUBLINER-MATTATIA Sabine, « Monge et les objets d'art d'Italie », *Bulletin de la Sabix*, 41, 2007, p. 92-110.

NORDMAN Daniel (dir.), *L'École normale de l'an III*, Paris, Dunod, 1994.

VOVELLE Michel (dir.), *Le Tournant de l'an III*, Paris, Éd. du CTHS, 1997.

革命的遗产

ASKANI Hans-Christoph, « Hölderlin et la théologie », *Revue de théologie et de philosophie*, vol. 141, n° 3, 2009, p. 273-292.

BODEI Rémo, « Révolution française et philosophie allemande, de Kant à Hegel », dans François Furet (dir.), *L'Héritage de la Révolution française*, Paris, Hachette, 1989, p. 113-142.

BOYER Charles, « À propos de "la proposition de l'égaliberté" d'Étienne Balibar », *Le Philosophoire*, vol. 37, n° 1, 2012, p. 123-132.

KOICHI Yamazaki, « Modèle à éviter, modèle à suivre, objet de comparaison », *La Révolution française* [En ligne], 19 | 2021, mis en ligne le 1er février 2021, consulté le 7 mars 2021. URL : http://journals.openedition.org/lrf/4385.

ROSANVALLON Pierre, *Le Peuple introuvable*, Paris, Gallimard, 2002.

SIMONIN Anne, *Le Déshonneur dans la République*, Paris, Grasset, 2008.

人名索引